LA

VIE DE BOHÈME

COMÉDIE

Représentée pour la première fois, à Paris, sur le théâtre des Variétés, le 22 novembre 1849.

LAGNY. — Typographie de A. VARIGAULT et Cie.

LA

VIE DE BOHÈME

COMÉDIE EN CINQ ACTES

EN PROSE

PAR

TH. BARRIERE ET H. MURGER

NOUVELLE ÉDITION

PARIS
MICHEL LÉVY FRÈRES, LIBRAIRES-ÉDITEURS
RUE VIVIENNE, 2 BIS

1860

PERSONNAGES

DURANDIN, homme d'affaires..........	MM. DUSSERT.
RODOLPHE, son neveu, poëte..........	P. LABA.
MARCEL, peintre....................	DANTERNY.
SCHAUNARD, musicien................	CH. PEREY.
GUSTAVE COLLINE, philosophe.......	MUTEE.
M. BENOIT, maître d'hôtel...........	BARDOU jeune.
BAPTISTE, domestique...............	KOPP.
UN GARÇON DE CAISSE............	GALLIN.
UN MONSIEUR......................	CHARIER.
UN MÉDECIN.......................	RHÉAL.
CÉSARINE DE ROUVRES, jeune veuve..	Mlles MARQUET.
MIMI..............................	THUILLIER.
MUSETTE..........................	PAGE.
PHÉMIE...........................	P. POTEL.
UNE DAME........................	WILHEM.

UN COMMISSIONNAIRE, DOMESTIQUES DE CÉSARINE, INVITÉS.

LA VIE DE BOHÈME

ACTE PREMIER

Chez Durandin

Une maison de campagne aux environs de Paris. — Un jardin ; au fond, une balustrade donnant sur la campagne. — A gauche, un pavillon avec une fenêtre ouverte en face du public. — A droite, un banc de jardin. — Chaises.

—

SCÈNE PREMIÈRE

BAPTISTE, seul ; il est au fond près du mur, et regarde dans la campagne.

Quel est ce nuage de poussière? Serait-ce déjà la voiture de madame Césarine de Rouvres ? On m'en verrait surpris, car il n'est pas midi, et M. Durandin n'attend cette dame qu'à deux heures. Mais ce n'est point une voiture. (Regardant avec plus d'attention.) Des jeunes gens avec de grandes pipes, des jeunes filles avec de grands chapeaux !... Je sais ce que c'est, c'est une caravane. Heureuse jeunesse ! riez, riez, vous qui n'avez pas lu M. de Voltaire... Mais, j'y songe !... quelle imprudence ! (Prenant un livre qu'il avait oublié sur le banc.) Si M. Durandin, l'homme chiffre, M. Million, enfin, comme dit M. Rodolphe, avait trouvé cet in-octavo, mon extraction était imminente. Voyons, M. Durandin m'a prévenu que l'on prendrait le café dans ce pavillon, que l'on n'a pas ouvert depuis trois mois; mettons tout en ordre. (Il entre dans le pavillon et ouvre les persiennes. — Après réflexion et en sortant.) Ou plutôt, non, tout est bien comme il est, a dit M. de Voltaire : grâce à la poussière, ces meubles Louis XV ont un aspect plus vénérable ; je n'y porterai donc point un plumeau profane. Quant à ces populations d'araignées, elles donnent à ce lieu un caractère de vétusté tout à fait artistique; je n'ôterai donc point ces araignées ; je regrette même qu'il n'y en ait pas davantage. (Fermant la porte.) Tout est prêt, et maintenant madame de Rouvres peut arriver.

SCÈNE II.

BAPTISTE, DURANDIN; il a un carnet à la main, il entre par le fond.

DURANDIN, lisant.

« Paris à Rouen de 575 à 555, reste à 560. » Quinze francs de baisse, bravo!... c'est le moment d'acheter. (A Baptiste sans se retourner.) Baptiste, où est mon neveu?...

BAPTISTE.

Dans sa chambre, Monsieur.

DURANDIN, calculant toujours.

200 à 5,60, 112,000; 280 à 580, hausse probable, 116,000, 4,000 francs de bénéfice net. (Se frottant les mains.) Où est mon neveu? (Il reprend son journal.)

BAPTISTE.

Dans sa chambre, Monsieur.

DURANDIN, s'éveillant.

Hein? quoi? ce n'est pas vrai, j'en viens. A propos, elle est dans un joli état sa chambre. Vous n'en prenez donc pas soin?

BAPTISTE.

Pardonnez-moi, Monsieur, j'en prends au contraire un soin méticuleux : j'ouvre la fenêtre le matin et je la referme le soir.

DURANDIN.

Et voilà tout?

BAPTISTE.

Et voilà tout, Monsieur. Je suis à la lettre les instructions qui m'ont été données par M. Rodolphe. M. votre neveu m'a dit, en venant habiter ce logement : « Baptiste, tu me plais infiniment; mais si tu tiens à conserver mon estime, tu ne toucheras jamais à rien chez moi. Si tu avais l'imprudence de remettre mes affaires à leur place, il me serait impossible de les retrouver. »

DURANDIN.

C'est donc pour cela que j'ai aperçu une paire de bottes sur la cheminée, et la pendule dans un placard?

BAPTISTE.

Je ne me rends pas bien compte du motif qui a fait assigner cette place à la paire de bottes. Mais quant à la pendule, c'est différent, et cela s'explique. (A Durandin, qui prend des notes.) Vous ne m'écoutez pas, Monsieur?

DURANDIN.

Et si, imbécile.

BAPTISTE.

Je continue : la première fois que M. Rodolphe a vu la pendule en question, il voulait la jeter par la fenêtre.

DURANDIN, stupéfait.

Par la... une pendule de quatre cents francs, en cuivre doré, avec un bronze représentant Malek-Adel!..

BAPTISTE.

Oui, Monsieur, je le sais bien, Malek-Adel, par madame Cottin. Mais la pendule avait un défaut.

DURANDIN.

Lequel ?

BAPTISTE.

Elle marquait l'heure.

DURANDIN.

Eh bien ?

BAPTISTE.

Mon Dieu ! je sais qu'elle ne faisait que son devoir; mais M. Rodolphe en juge autrement. Il ne veut pas, dit-il, de ce tyran domestique qui lui compte son existence minute par minute, dont les aiguilles s'allongent jusqu'à son lit et viennent le piquer le matin ; de cet instrument de torture, enfin, dans le voisinage duquel la nonchalance et la rêverie sont impossibles.

DURANDIN.

Qu'est-ce que c'est que toutes ces divagations-là ? (Il passe à droite.) Oh !... ça ne peut durer plus longtemps; M. mon neveu me rendrait fou comme lui... Heureusement madame de Rouvres arrive aujourd'hui ; elle est veuve, riche, elle est femme....

BAPTISTE.

C'est son plus beau titre.

DURANDIN, passant à gauche.

Je ne te parle pas... Elle est femme, et ce que femme veut... Il faudra bien que M. Rodolphe redescende sur la terre pour signer au contrat. Il doit être dans le jardin à rêvasser à ses niaiseries ; va me le chercher.

BAPTISTE.

J'y cours, Monsieur. (Il s'éloigne par le fond à gauche, et au moment de sortir, il ouvre son Voltaire et continue sa lecture.)

SCÈNE III.

DURANDIN, seul.

M. mon neveu est bien le fils de mon frère. C'est le même désordre d'esprit. La vocation ! l'art ! le génie !.. et le père est mort en laissant des dettes que le fils s'apprête à doubler. Les arts ! les arts ! voilà-t-il pas une belle histoire et un joli métier ?.... Mais je suis là... et bientôt j'aurai notre charmante auxiliaire flanquée de ses quarante mille livres de rentes, et j'espère bien... mais si, au contraire, M. le poëte, le rêveur, résiste ; s'il refuse son bonheur, tant pis pour lui ! qu'il aille au diable !...

SCÈNE IV.

DURANDIN, RODOLPHE, entrant par le fond à gauche, mise négligée, excentrique.

RODOLPHE, du fond.

Est-ce que c'est pour ça que vous me faites venir, mon oncle ?

DURANDIN.

Ah ! te voilà, cerveau brûlé.

RODOLPHE, avec gaieté.

Bonjour, mon oncle Million ; vous êtes de mauvaise humeur, je vais vous dire un sonnet... gaillard, ça vous déri... dera...

DURANDIN.

Veux-tu parler raison une minute ?

RODOLPHE.

Une minute ? volontiers, mon oncle, mais pas davantage, entendez-vous bien ? La minute est écoulée, parlons d'autre chose.

DURANDIN.

C'est un parti pris, n'est-ce pas ? tu ne veux rien entendre ?

RODOLPHE.

Mon oncle, je n'entends rien aux affaires ; faites-en, vous, faites-en beaucoup... je ne vous en empêche pas.

DURANDIN.

En vérité ? et tu feras, toi, des odes à la lune, n'est-ce pas ? et tu maudiras le siècle égoïste qui refusera de te nourrir à ne rien faire ?

RODOLPHE.

Erreur, mon oncle, grave erreur ! Je ne m'asseois pas au banquet de la vie avec l'intention de maudire les convives au dessert ; au dessert je roule sous la table ; et ma muse, une bonne grosse fille à l'œil insolent, au nez retroussé, me ramasse, me reconduit au logis en trébuchant, et nous passons la nuit à rire ensemble de ceux qui nous ont payé à dîner. C'est de l'ingratitude si vous voulez, mais c'est amusant.

DURANDIN.

Et qu'est-ce que ça te rapporte ça ?

RODOLPHE.

Ce que ça me rapporte ?... absolument rien, pour le moment ; mais ça me rapportera plus tard. Vous avez étudié les hommes, et vous spéculez sur les télégraphes ; vous vivez de votre expérience, moi je veux vivre de mon imagination ; je ferai tout ce qu'on voudra : du triste, du gai, du plaisant, du sévère ; je ferai du sentiment à jeun et de la gaudriole après le dîner. (Se frappant le front.) Mes capitaux sont là. Une entreprise superbe sous la raison Piochage et compagnie. Capital social : courage, esprit et gaieté.

DURANDIN.

Mais en vérité je suis bien bon de t'écouter. Madame de Rouvres arrive aujourd'hui, dans une heure.

RODOLPHE.

Vous faites bien de me prévenir, mon oncle. Je m'en vais tout de suite. (Il remonte.)

DURANDIN.

Un pas de plus, et je te déshérite.

RODOLPHE, s'arrêtant.

Fichtre! je demande à m'asseoir.

DURANDIN, s'asseyant sur le banc avec son neveu.

Écoute, mon garçon : autrefois, tu as fait la cour à madame de Rouvres, tu as été empressé, assidu auprès d'elle tout un hiver...

RODOLPHE.

Je ne puis le nier, mon oncle....

DURANDIN.

Au printemps, nous avons passé un mois à sa campagne, et entre nous ces promenades dans les allées solitaires du parc...

RODOLPHE.

Chut!... soyez aussi discret que moi, mon oncle.

DURANDIN.

Je ne te fais pas de reproches, au contraire, tu as bien fait, c'était un coup de maître ; car elle est très-riche, et elle t'aime.

RODOLPHE.

Elle m'aime ?

DURANDIN.

J'en suis sûr.

RODOLPHE.

C'est une femme d'esprit, elle comprendra que je ne veuille pas l'épouser.

DURANDIN.

Tu ne veux pas l'épouser ?

RODOLPHE.

Je ne l'ai pas promis.

DURANDIN.

Promis... Ce garçon-là est d'une outrecuidance...

RODOLPHE.

Mais, non, mon oncle, je veux rester garçon, voilà tout.

DURANDIN.

Mais, malheureux, madame de Rouvres est jolie!

RODOLPHE.

Je le sais, mon oncle.

DURANDIN.

Eh bien ?

RODOLPHE.

Eh bien! tant pis pour les autres.

DURANDIN.

En l'épousant, tu aurais, du côté de ta femme seulement, quarante mille livres de rentes... Tu aurais une position calme, tranquille, tu aurais des enfants.

RODOLPHE.

Oui, c'est ça, beaucoup d'enfants et des lapins; merci, ça ne peut pas m'aller. Il me faut de l'air, de la liberté, une vie accidentée, orageuse si vous voulez... quitte à ne pas dîner tous les jours, ça m'est égal. Les jours de bombance, je mangerai pour un mois.

DURANDIN.

Tu ne feras jamais rien de ta vie, tu suivras les traces de ton père.

RODOLPHE.

Ah! mon oncle, ne parlons pas de ça, ne remuons pas les cendres...

DURANDIN.

C'est très-bien; mais il n'en est pas moins vrai que mon frère aussi n'a voulu en faire qu'à sa tête, et lorsqu'il est mort, il devait à tout le monde.

RODOLPHE, sérieux.

Excepté à vous, mon oncle.

DURANDIN.

Il fallait peut-être me saigner aux quatre veines pour soutenir un fou?

RODOLPHE.

Non, mon oncle, vous avez bien fait. Après tout, mon père m'a laissé un nom honorable, un nom que l'on répète, et des tableaux que l'on admire; mais encore une fois ne parlons pas de ça.

DURANDIN.

Soit! d'ailleurs, il faut que je te quitte pour aller au-devant de madame de Rouvres; j'espère qu'à mon retour je te trouverai dans de meilleures idées.

RODOLPHE.

Il ne faut jurer de rien, mon oncle. Il n'y a rien d'immuable sous le soleil.

DURANDIN.

Réfléchis, et, si tu deviens raisonnable, tu ne t'en repentiras pas.

ENSEMBLE.

Air : *Polka de la Vivandière.*

DURANDIN.

Le vrai bonheur
Est pour le cœur
Dans le mariage.
Il n'est pour nous
Rien de si doux
Que cet esclavage.

RODOLPHE.

Non, pour mon cœur,
Point de bonheur
Dans le mariage;
Car, entre nous,
Rien ne m'est doux
En fait d'esclavage.

(Durandin sort par le fond à droite.)

SCÈNE V.

RODOLPHE, seul.

Ils sont étonnants les oncles : s'il fallait épouser toutes les femmes auxquelles on a juré un amour éternel au clair de la lune, mais on aurait un sérail de femmes légitimes... Moi, épouser madame Césarine de Rouvres, la femme la plus coquette et la plus impérieuse de la terre, qui vous ordonne de l'aimer, pour ainsi dire!.. Pas si fou!.. Dès demain je prends mon vol, je fuis cette villa insipide et monotone que ne visite jamais le hasard ni l'imprévu.

CHŒUR, en dehors.

Air nouveau de M. J. Nargeot.

Notre avenir doit éclore
Au soleil de nos vingt ans!
Aimons et chantons encore :
La jeunesse n'a qu'un temps!

Qu'est-ce que c'est que ça?.. Serait-ce l'imprévu demandé? (Il va au fond.) Des artistes et des grisettes sans doute... Ils se disposent à déjeuner sur l'herbe... bon appétit! Voilà le bonheur comme je le comprends. Des promenades sans gants et des dîners sans fourchettes... Tiens, ils me saluent! (Il salue. — Redescendant un peu.) J'ai presque envie de m'élancer au milieu de leur pâté et de m'inviter moi-même. Au fait, pourquoi pas?

SCÈNE VI.

RODOLPHE, MARCEL, paraissant au-dessus de la balustrade.

MARCEL.

Monsieur!.. Monsieur!..

RODOLPHE.

Qu'est-ce qui m'appelle?

MARCEL.

Je vous demande pardon, Monsieur; vous ne pourriez pas,

par hasard, nous prêter des assiettes et quelques couverts également en argent?

RODOLPHE.

Monsieur, si vous voulez attendre que je sonne, j'irai chercher une sonnette... Vous êtes artiste, Monsieur?

MARCEL.

Oui, Monsieur.

RODOLPHE.

Peintre?

MARCEL.

C'est vous qui l'avez dit.

RODOLPHE.

De quelle école?

MARCEL.

De la mienne.

RODOLPHE.

Je vous en félicite.

MARCEL.

Et moi aussi, Monsieur.

RODOLPHE.

Vous vous nommez?

MARCEL.

Marcel, pour vous servir.

RODOLPHE.

Et moi, Rodolphe, pour vous être agréable.

MARCEL.

Ce nid vous appartient?

RODOLPHE.

Pas le moins du monde... Je ne suis que le neveu du nid. Donnez-vous donc la peine de tomber par ici.

MARCEL.

Cela ne vous dérange pas?

RODOLPHE.

Aucunement.

MARCEL, sautant.

Permettez-moi de vous offrir la main, c'est tout ce que j'ai sur moi.

RODOLPHE.

Volontiers... mais à la condition que vous la tendrez aussi à ces jolies personnes qui chantent si bien.

MARCEL.

Je n'ai rien à vous refuser, Monsieur... (Appelant.) Eh! Musette! tu es invitée à entrer avec escalade... (Musique à l'orchestre.)

MUSETTE, apparaissant sur la balustrade.

Me voilà! (En relevant sa robe elle montre un peu sa jambe.)

RODOLPHE, courant l'aider à descendre.

Parbleu! voilà une jolie jambe, il faut que je lui offre mon bras.

MUSETTE, descendue.

Monsieur vend des madrigaux?

RODOLPHE.

Oui, Madame.

MUSETTE.

Et on vous les paye?

RODOLPHE, lui baisant la main.

Comptant.

MARCEL, prenant la main de Musette.

Permettez-moi de vous la présenter plus officiellement : Mademoiselle Musette, vingt-deux ans...

MUSETTE.

Moins six semaines.

MARCEL.

Une fille charmante, qui n'a que le défaut de laisser trop souvent la clef sur la porte de son cœur. Au reste, je ne m'en plains pas... c'est comme ça que j'y suis entré un jour qu'il pleuvait.

MUSETTE, bas à Marcel, montrant Rodolphe.

Il est gentil!

MARCEL, à Rodolphe.

Elle vous trouve gentil; c'est le commencement, on ne peut pas savoir où ça s'arrêtera! (Rodolphe offre une chaise à Musette. — Schaunard paraît sur l'appui de la balustrade.)

SCHAUNARD.

Eh! Marcel! je ne retrouve plus Musette, je crois qu'elle est tombée dans son verre.

MARCEL.

Rassure-toi, ami fidèle, et enjambe... (Schaunard entre.) Monsieur Schaunard, orphelin par vocation, peintre par goût, musicien pour faire quelque chose... et poëte pour ne rien faire... Passant une moitié de sa vie à chercher de l'argent pour payer ses créanciers, et l'autre moitié à fuir ses créanciers quand il a trouvé de l'argent.

SCHAUNARD, saluant.

Le programme est fidèle comme un caniche... Mais vous ne voyez qu'une moitié de moi-même; permettez-moi de vous présenter l'autre... Phémie!... (Phémie paraît; il l'aide à descendre.)

MARCEL.

Mademoiselle Phémie, femme de dévouement quand elle a dîné.

RODOLPHE, offrant une chaise à Phémie.

Mademoiselle...

PHÉMIE.

Bien reconnaissante, Monsieur, je ne suis pas encore éreintée. (Elle s'assied près de Musette.)

SCHAUNARD, avec sévérité.

Phémie!.. Veuillez l'excuser, Monsieur, elle arrive d'Amérique... Je l'ai rencontrée dans une forêt...

RODOLPHE.

Vierge? (Schaunard éternue.)

MARCEL, indiquant Colline qui paraît à son tour, à Rodolphe.

Ne vous effrayez pas, Monsieur; nous sommes complets... Monsieur Gustave Colline, philosophe... le trésorier de la société : une sinécure... (Ils redescendent tous.)

SCÈNE VII.

RODOLPHE, MARCEL, MUSETTE, SCHAUNARD, COLLINE, PHEMIE.

RODOLPHE.

Mesdames et Messieurs...

TOUS.

Écoutons!

RODOLPHE.

Veuillez croire à mes sympathies.

MARCEL.

Et...

RODOLPHE.

Le discours est clos.

PHÉMIE, se levant.

Bravo!

MUSETTE, se levant.

C'est de très-bon goût, ça n'est pas long.

SCHAUNARD, à Rodolphe.

Pardon, Monsieur, j'ai un renseignement à vous demander.

RODOLPHE.

Parlez, Monsieur.

SCHAUNARD.

Pourriez-vous me dire où on met le tabac dans cette maison?..

RODOLPHE.

Ici, Monsieur... (Il montre sa poche et offre du tabac à Schaunard qui bourre sa pipe.) Vous avez une jolie pipe, monsieur Schaunard!

SCHAUNARD, négligemment.

J'en ai une plus belle pour aller dans le monde.

MUSETTE, à Rodolphe.

Monsieur, serait-ce indiscret de vous demander la permission de visiter ce jardin et de cueillir quelques fleurs?..

PHÉMIE.

Et quelques abricots?

RODOLPHE.

Comment donc... (Les dames remontent.)

COLLINE, à Rodolphe.

Si vous le permettez, Monsieur, j'accompagnerai ces dames pour faire un peu de botanique... (Les dames redescendent et mettent toutes leurs affaires sur les bras de Colline.)

MUSETTE, riant.

Ça va peut-être vous embarrasser?..

COLLINE.

Oh! non, je vous assure... (Il va près d'un banc et dépose gravement tout ce qu'il tient au pied d'un arbre.) Voyons un peu. (Il fouille dans ses poches, tire des livres de sa poche et en prend un après avoir mis les autres sur le banc.) Botanique... voilà mon affaire.

MUSETTE.

Nous y sommes.

PHÉMIE.

Allons-y gaiement!

ENSEMBLE.

Air : *Gentille moscovite.*

Glanons / Glanez les pâquerettes
Parmi les gazons verts.
Aux doux chants des fauvettes,
Mêlons nos / Mêlez vos gais concerts!

(Les dames sortent par la gauche, Colline par la droite.)

SCÈNE VIII.

SCHAUNARD, RODOLPHE, MARCEL.

RODOLPHE, prenant un à un les livres que Colline a déposés sur un banc.

Chimie... Mécanique... Physique... Ah çà! mais, c'est une bibliothèque vivante que votre ami!..

MARCEL.

Ah! c'est que, voyez-vous, Colline, c'est l'enfant studieux et rêveur de la Bohême!

RODOLPHE.

La Bohême?

MARCEL.

La Bohême, bornée au nord par l'espérance, le travail et la gaieté; au sud, par la nécessité et le courage; à l'ouest et à l'est, par la calomnie et l'Hôtel-Dieu.

RODOLPHE.

Je vous remercie beaucoup; mais je comprends peu.

MARCEL.

Vous désirez une seconde leçon de géographie relativement à la Bohême?.. C'est très-facile, Monsieur, car vous voyez devant vous deux naturels de ce pays.

SCHAUNARD.

La Bohême, c'est nous.

RODOLPHE.

Vous?

MARCEL.

C'est-à-dire tous ceux qui, poussés par une vocation obstinée, entrent dans l'art sans autres moyens d'existence que l'art lui-même; l'esprit toujours tenu en éveil par leur ambition, qui bat la charge devant eux, et les pousse à l'assaut de l'avenir... Leur existence de chaque jour est une œuvre du génie, un problème quotidien... Mais qu'il leur tombe un peu de fortune entre les mains, on les voit aussitôt cavalcader sur les plus ruineuses fantaisies, aimant les plus jeunes et les plus belles, buvant des meilleurs et des plus vieux, et ne trouvant jamais assez de fenêtres par où jeter leur argent...

SCHAUNARD.

Puis, quand leur dernier écu est mort et enterré, ils recommencent à dîner à la table d'hôte du hasard, où leur couvert est toujours mis, et à chasser du matin au soir cet animal féroce qu'on appelle la pièce de cent sous... gens intelligents, qui auraient trouvé des truffes sur le radeau de *la Méduse!..*

MARCEL.

Ils ne sauraient faire dix pas sur le boulevard sans rencontrer un ami.

SCHAUNARD.

Et trente pas, n'importe où, sans rencontrer un créancier.

MARCEL.

Et quand arrive janvier, les poches pleines de rhumes et les mains pleines d'engelures, ils se chauffent philosophiquement avec leurs meubles.

SCHAUNARD.

C'est ce que les modernes appellent déménager par la cheminée.

RODOLPHE.

En vérité, Messieurs, votre courageuse insouciance, votre joyeuse philosophie m'entraînent; je voudrais ne jamais vous quitter.

SCHAUNARD.

Nous resterons ici autant que vous le désirerez, Monsieur.

LES DAMES, en dehors.

Nous voici!

SCÈNE IX.

LES MÊMES, MUSETTE, PHÉMIE, rentrant les mains pleines de fleurs; Phémie tient une pomme.

REPRISE DU CHŒUR.

Glanons / Glanez les pâquerettes, etc.

MUSETTE.

Voilà notre récolte.

PHÉMIE, mangeant sa pomme.

Le pays est excellent.

MARCEL, à Rodolphe.

Du reste, Monsieur, nous avons de douces compensations dans notre vie d'épreuves. Ces jeunes filles sont nos joies vivantes. Nous les aimons comme des fous, et elles nous aimeraient peut-être toujours... (Phémie passe près de Schaunard qui s'est assis.)

RODOLPHE.

Si toujours n'était pas si long.

MARCEL.

Et si les rubans ne coûtaient pas si cher. Elles restent avec nous tant qu'elles ont du cœur, et elles nous quittent dès qu'elles ont de l'esprit !

MUSETTE.

C'est-à-dire que je suis bête?

MARCEL.

Hélas! non, ma mie.

MUSETTE.

Moi qui ai refusé un commis de banquier et des meubles en acajou.

MARCEL.

Oui; mais si c'eût été le banquier lui-même, et qu'il eût poussé l'audace jusqu'au palissandre ?

MUSETTE.

Vrai, j'aurais refusé. J'ai le temps; d'ailleurs, toi aussi tu seras riche.

MARCEL.

Certainement, encore quelques kilomètres de patience; d'ailleurs j'ai une idée : à compter de lundi prochain, nous ferons des économies, et j'achèterai un oncle d'occasion pour en hériter un jour.

MUSETTE.

Oui, mon petit Marcel. Je t'aime bien, va ; pour toi, je me jetterais du haut des tours de Notre-Dame.

SCHAUNARD.

Musette, cette imprudence vous coûterait quatre sous ! c'est le tarif. (A Phémie.) Et toi, aimerais-tu mourir pour moi?

PHÉMIE.

Oui, mais pas de faim.

SCHAUNARD, à Rodolphe.

Elle est étonnante, Monsieur! Dire qu'elle trouve ces mots-là toute seule, sans balancer. Elle est étonnante; j'en suis ivre! (En tirant un fruit de sa poche, Phémie laisse tomber un papier; Schaunard se lève et le ramasse.)

PHÉMIE, à part.

Ces fruits, c'est extraordinaire comme ça creuse! (Elle remonte.)

SCHAUNARD, lisant, à part.

Que vois-je! une déclaration avec un emblème représentant

un cœur traversé d'une baïonnette, et signé : Un sapeur du 29e! Il y a quinze jours, j'avais déjà surpris la présence d'un autre papier, signé : Un chasseur au 24e. Son cœur est une caserne. (Haut, à Phémie.) Ma petite chérie!

PHÉMIE, venant à lui.

Hein !

SCHAUNARD.

Vous connaissez trop de monde sous les drapeaux. (Montrant le billet.) Quel est ce prospectus d'amour, signé par un membre de l'infanterie française ?

PHÉMIE, troublée.

Ça, c'est un petit homme rouge qui me l'a distribué sur le pont Neuf.

SCHAUNARD.

Très-bien. (Montrant sa canne.) Vous aurez ce soir une explication avec bambou.

SCÈNE X.

LES MÊMES, COLLINE, BAPTISTE, bras dessus bras dessous; ils causent tous les deux; Colline a un panier sous le bras; ils entrent par le fond à droite.

COLLINE.

Vous êtes sceptique, monsieur Baptiste.

BAPTISTE.

Monsieur, j'ai lu Voltaire.

COLLINE.

Moi, je suis panthéiste; tout est dans tout! Avez-vous lu Spinosa?

BAPTISTE.

Mal !

COLLINE.

Relisez-le! Voyez aussi Descartes, *les Tourbillons!* (Musette et Phémie viennent prendre le panier. — A Rodolphe.) Monsieur, vous avez un domestique très-savant, je l'ai pris pour un article de *la Revue des Deux-Mondes*. (Il passe près de Marcel.)

MARCEL.

D'où viens-tu ?

COLLINE.

Parbleu! vous êtes de fiers étourneaux. Vous aviez laissé nos provisions au milieu de la campagne, où elles auraient pu devenir la proie des intrigants. J'ai été les chercher avec M. Baptiste.

MUSETTE, regardant dans le panier.

Mais les bouteilles sont vides!

COLLINE.

Au milieu d'une grave discussion, avec Monsieur, sur l'immortalité de l'âme, comme nous étions très-altérés, nous avons bu les bouteilles; mais voilà les bouchons.

MUSETTE.

Eh bien! avec quoi ferons-nous passer le canard qui est dans le pâté ?

PHÉMIE, regardant dans le panier.

Le canard est envolé, il ne reste plus que la croûte ! (Elles jettent le tout par-dessus la balustrade, aidées de Marcel.)

BAPTISTE.

Au milieu d'une grave discussion, avec Monsieur, sur l'objectif et le subjectif... (A Musette.) le moi et le non-moi, si vous aimez mieux, comme nous étions très-altérés, nous avons mangé le canard.

MUSETTE, à Rodolphe.

Il est gentil, votre domestique; est-ce que vous le payez cher?

RODOLPHE.

Ne vous mettez point en peine, nous allons réparer tout cela. Baptiste, tu comprends?.. (Baptiste sort par le fond à droite.) Maintenant, permettez-moi de vous offrir à déjeuner.

SCHAUNARD.

En effet, il est l'heure où les honnêtes gens passent dans la salle à manger. Allons.

RODOLPHE.

La salle à manger, c'est ici; dans un instant nous serons servis, et nous boirons à la Bohême, ma future patrie !

TOUS.

Comment !

RODOLPHE.

Écoutez-moi; je cours ici les plus grands dangers.

MARCEL.

Vous?

RODOLPHE.

On veut me marier.

MARCEL.

C'est horrible !

RODOLPHE.

C'est mon oncle Million qui a eu cette idée-là !

MUSETTE.

Votre oncle Million ?

PHÉMIE.

Quel joli nom !

SCHAUNARD.

Je voudrais bien avoir la monnaie de votre oncle.

RODOLPHE.

Me marier, comprenez-vous ça ? emprisonner ma liberté dans un contrat, jeter mon cœur dans le pot-au-feu du ménage, couper les ailes de ma jeunesse; tout cela uniquement pour procurer à mon oncle le plaisir d'avoir des petits-neveux !

SCHAUNARD.

Parbleu! s'il en veut qu'il en fasse lui-même.

RODOLPHE.

Il y a longtemps déjà que je méditais une fuite; mais tout seul je ne saurais où aller. Maintenant, c'est bien décidé, je veux mener, comme vous, la belle vie de travail et de plaisir. J'ai bon cœur et grand courage, vous me verrez à l'œuvre! Ainsi donc, si vous le permettez, je serai d'abord votre compagnon, jusqu'au jour où vous voudrez bien m'appeler votre ami!

MARCEL.

Mais vous l'êtes déjà!

LES DEUX DAMES.

Oui, Monsieur, vous l'êtes! (Pendant la fin de ce monologue, Baptiste a apporté une nappe et disposé le déjeuner à terre.)

BAPTISTE, au milieu.

Vous êtes servis.

RODOLPHE.

Baptiste, tu pars avec nous... Tu es un garçon érudit, tu feras ton chemin.

BAPTISTE.

Quel honneur!

PHÉMIE, à part.

Il est fort bien, ce Baptiste... s'il avait des épaulettes.

RODOLPHE.

Et maintenant, à table!..

TOUS.

A table! (Ils s'asseyent sur le banc et les chaises renversées, et attaquent le déjeuner.)

CHŒUR.

Air : *Tin, tin, c'est le refrain.*

A table, mes amis!
Par le hasard gaîment réunis,
Sur ces gazons fleuris,
Déjà notre couvert est mis!

MARCEL, tenant une bouteille.

Royal Champenois... je le reconnais à son casque d'argent... Passez au large, ce n'est pas du vin!

RODOLPHE, étonné.

Qu'est-ce que c'est donc?

MARCEL.

Du cidre élégant.

SCHAUNARD.

Du coco épileptique.

MARCEL, jetant la bouteille à Baptiste.

Offrez à ces dames. Le premier devoir du vin est d'être

rouge. Baptiste, mon ami, passez-nous du bourgogne. (Il prend une bouteille dans la manne, et verse.)

BAPTISTE.

Désirez-vous de l'eau ? (Il verse du champagne aux dames.)

MARCEL.

De l'eau dans du vin ? Allons donc, c'est du platonisme dans l'amour.

PHÉMIE.

Qu'est-ce que c'est que ça du platonisme ?

MUSETTE.

Des bêtises, la maladie des hommes qui n'osent pas embrasser les femmes.

PHÉMIE.

Fi ! l'horreur !

MUSETTE, embrassant Marcel.

Buvons notre vin pur !

MARCEL.

Et vive la jeunesse !

TOUS, en trinquant.

Vive la jeunesse !

CHŒUR.

Air nouveau de M. J. Nargeot.

Notre avenir doit éclore
Au soleil de nos vingt ans !
Aimons et chantons encore :
La jeunesse n'a qu'un temps.

SCHAUNARD.

Cuirassés de patience
Contre le mauvais destin,
De courage et d'espérance
Nous pétrissons notre pain.
Notre humeur insoucieuse,
Aux fanfares de nos chants,
Rend la misère joyeuse :
La jeunesse n'a qu'un temps.

CHŒUR.

Notre avenir, etc.

MARCEL.

Si la maîtresse choisie,
Qui nous aime par hasard,
Fait fleurir la poésie
Aux flammes de son regard,
Lui sachant gré d'être belle,
Sans nous faire de tourments,
Aimons-la, même... infidèle...
La jeunesse n'a qu'un temps.

CHŒUR.

Notre avenir, etc.

MUSETTE.

Puisque les plus belles choses,
Les amours et la beauté,
Comme le lis et les roses,
N'ont qu'une saison d'été :
Quand mai tout en fleurs arbore
Le drapeau vert du printemps,
Aimons et chantons encore :
La jeunesse n'a qu'un temps!

CHŒUR.

Notre avenir, etc.

BAPTISTE, au fond, poussant un cri.

Ah !

TOUS.

Qu'y a-t-il ?

BAPTISTE.

M. Durandin !.. M. Durandin !.. j'aperçois sa voiture... et vite, et vite !

MARCEL.

Diable !..

SCHAUNARD.

Aidons ce garçon. (Il met une bouteille dans sa poche, Phémie met les gâteaux et les fruits dans la sienne.)

RODOLPHE.

Messieurs, je suis désolé! mais... (Tous remplissent la manne qu'on emporte derrière le pavillon.)

MARCEL.

Nous comprenons parfaitement.

RODOLPHE.

Nous nous reverrons bientôt... le temps de faire ma malle et de ne pas embrasser mon oncle.

COLLINE, au fond.

La voiture approche !

RODOLPHE.

Attendez-moi dans le petit bois qui touche au jardin.

PHÉMIE.

Mais par où sortir?

BAPTISTE.

Pas par la porte toujours.

MUSETTE.

Par-dessus le mur?...

MARCEL.

Sans doute...

BAPTISTE.

La voiture entre dans la cour !

MUSETTE ET PHÉMIE.

Sauve qui peut ! (Elles descendent par-dessus la balustrade. — Marcel donne une poignée de main à Rodolphe et saute à son tour. — Colline, qui était déjà à demi descendu, se dispose à remonter.)

COLLINE.

Ah ! mon Dieu ! mes livres qui j'ai oubliés.

SCHAUNARD.

Tu les prendras une autre fois. (Colline disparaît.)

SCHAUNARD, descendant à son tour.

Dites donc, monsieur Rodolphe, j'ai laissé une cuisse !...

RODOLPHE.

Ça ne fait rien ! (Schaunard disparaît.)

SCÈNE XI.

RODOLPHE, BAPTISTE.

BAPTISTE, regardant à droite.

Il était temps.

RODOLPHE.

Ils sont déjà loin. Maintenant il s'agit de trouver un moyen honnête pour sortir d'ici.

BAPTISTE.

Ah ! mon Dieu ! comme M. Million a l'air agité !

RODOLPHE.

Tiens, il est seul!

BAPTISTE.

C'est vrai !... Le voilà.

SCÈNE XII.

LES MÊMES, DURANDIN, entrant par la droite.

DURANDIN, très-agité.

Ah ! mon ami ! mon cher neveu !

RODOLPHE.

Qu'avez-vous, mon oncle ?

DURANDIN.

Quelle aventure ! madame de Rouvres...

RODOLPHE.

Vous m'effrayez !...

DURANDIN.

En descendant de voiture elle s'est foulé le pied !

RODOLPHE.

Où est-elle ?

DURANDIN.

A l'auberge du Lion... une affreuse auberge !

RODOLPHE, à part.

Ah ! voilà mon moyen ! (Haut, avec inquietude.) Quoi ! madame de Rouvres serait privée de ces mille petits riens auxquels elle est habituée ! Mon oncle, je prends votre voiture !... (Il passe près de Baptiste.)

DURANDIN, à part.

Il y vient !

RODOLPHE, à Baptiste.

Ah ! Baptiste, une malle, du linge, de la vaisselle... mes livres pour la distraire... n'oublie rien. (Bas.) N'oublie pas mes pipes...

BAPTISTE, bas.

Où allons-nous ?

RODOLPHE, bas.

En Bohème ! (Haut.) Va, cours... (Baptiste sort par la droite. A Durandin.) Adieu, mon oncle !

DURANDIN.

Adieu, mon garçon ! (Rodolphe sort vivement par la droite.)

SCÈNE XIII.

DURANDIN, seul. Il se frotte les mains.

La ruse a rêussi ; nous savons maintenant à quoi nous en tenir... il l'aime comme un fou... On a bien raison de dire que : ce que femme veut, Dieu le veut. (On entend une voiture s'éloigner.) Le voilà parti !... (Alors on entend en dehors le chœur : *Notre avenir doit éclore*, etc.) Qu'est-ce que c'est que ça ?... (Il court au fond et regarde par-dessus la balustrade.) Ah ! mon Dieu ! il m'a joué ! (Le rideau baisse.)

ACTE DEUXIÈME

Deux chambres contiguës d'un hôtel garni. — Dans chacune des deux chambres une porte au fond et un lit. — Ameublement à peu près semblable. Dans la chambre de gauche, une petite table à droite, avec papier, plumes et encre. — Une cheminée à gauche avec un miroir. — A côté de la cheminée, un fauteuil et un petit guéridon. — Une chaise à droite. — Sur la cheminée, une bouteille coiffée d'un bonnet. — A droite, un porte-manteau, auquel sont accrochés un châle et un chapeau. — Des cartes sur la cheminée. — Dans la chambre de gauche, une fenêtre fermée d'un rideau bleu. — A droite, à côté de la fenêtre, un guéridon sur lequel il y a des épreuves d'imprimerie. — Au-dessus, un râtelier de pipes. — A droite, près du lit, une commode. — Au-dessus de la commode, un corps de bibliothèque dans lequel il n'y a que quelques brochures — A gauche, une table avec papier, plumes et encre. — Du même côté, un porte-manteau auquel sont accrochés un gilet, une redingote et un chapeau. — Deux chaises, l'une près de la table, l'autre près du guéridon. — Sur celle de droite, une vareuse. — Sous le lit, une malle dans laquelle il n'y a qu'un livre et une bretelle.

—

SCÈNE PREMIÈRE

MUSETTE, dans la chambre de gauche ; il y fait jour. RODOLPHE, dans la chambre de droite ; tout est hermétiquement fermé ; il y fait nuit complète.

MUSETTE, se coiffant devant une glace.

Air nouveau de M. J. Nargeot.

Bouche mignonne et lèvre rose,
A la chanson (*bis*.)
Toujours ouverte, voyez Rose
Alerte comme un gai pinson.
Pour en tresser une couronne,
A pleines mains, dans le blé mûr,
Rose moissonne, (*bis.*)
A pleines mains les fleurs d'azur.

(Elle s'assied et arrange un bonnet qui est sur une bouteille. Se coiffant devant une glace.)

Qu'est-ce qu'aura dû dire M. le vicomte en ne me voyant pas revenir ?... Ah ! ma foi ! tant pis ! il m'ennuie, il tourne au saule pleureur... il lui pousse des branches. Je lui ai dit que j'allais aux eaux de Bagnères, il est capable de le croire et d'y voler. Tant mieux ! Lui parti, je retourne dans mes appartements. Mais d'ici là... Suis-je bête d'être partie sans argent ! Je ne pense jamais à ça, moi. Ah ! bah ! une jolie femme n'est jamais embarrassée. (Elle chantonne.)

RODOLPHE, étendu tout habillé sur son lit, rêvant.

Est-il possible !... une telle fortune ! à moi... Le digne oncle !.... me laisser par testament toute une province du Pérou ! les Péruviennes avec (On frappe à la porte de droite... Rodolphe se remue et ne se réveille pas... On frappe de nouveau.)

MUSETTE.

Entrez ! (On entre chez Rodolphe.) Tiens, c'est à côté ; c'est chez ce monsieur qui dort si haut.

SCÈNE II.

LES MÊMES, chez Rodolphe. UN GARÇON DE CAISSE.

LE GARÇON DE CAISSE.

Monsieur ! Monsieur !...

RODOLPHE, s'éveillant à moitié, et regardant le garçon qui fouille dans un grand portefeuille.

Quel est cet étranger ? Ah ! j'y suis, c'est un à-compte sur mon héritage.

LE GARÇON.

Monsieur, je viens pour...

RODOLPHE.

Je sais ce que c'est... mettez ca là... Ah ! vous voulez un recu ? C'est juste... Passez-moi la plume et l'encre, là sur la table.

LE GARÇON.

Non, Monsieur, je viens recevoir un effet de 150 francs. Cest aujourd'hui le 15 juillet.

RODOLPHE, examinant le billet.

Le 15 juillet ! c'est étonnant ! je n'ai pas encore mangé de fraises !... Ah ! ordre Birmann !... C'est mon tailleur. Hélas ! (Regardant ses habits placés sur une chaise.) Les causes s'en vont, mais les effets reviennent.

LE GARÇON.

Vous avez jusqu'à quatre heures pour payer. (Il reprend le billet, pose un petit papier sur la table et sort.)

RODOLPHE, avec noblesse.

Il n'y a pas d'heure pour les honnêtes gens. (Avec regret.) L'intrigant ! il remporte son sac. (Se recouchant.) C'est le 15.... Le cap des Tempêtes si difficile à doubler.... jour néfaste qui commence par une pluie de billets, et se termine par une grêle de protêts. *Dies iræ !...* (Il se rendort.)

MUSETTE.

DEUXIÈME COUPLET.

Beaux bleuets qu'on tresse en couronne,
Dans les beaux jours, (*bis.*)
Belles fleurs que le printemps donne
Pour oracle aux premiers amours.
Tout se fane bien vite, Rose,
Un jour tu n'auras à cueillir
De fleur éclose (*bis.*)
Que dans les champs du souvenir.

RODOLPHE, s'éveillant en sursaut.

Qui diable chante donc ainsi ? Je ne m'entends pas rêver. (Criant.) Madame !

MUSETTE, plus fort.

Monsieur ?...

RODOLPHE.

Il fait donc jour chez vous ?

MUSETTE.

Un peu ! Et chez vous, est-ce qu'il fait nuit ?

RODOLPHE.

Beaucoup ! Il fera nuit toute la journée. J'ai arrêté le soleil pour cause de liquidation. (Il se recouche.)

MUSETTE.

Monsieur !...

RODOLPHE.

Madame ?...

MUSETTE, se levant et remettant le bonnet et la bouteille sur la cheminée gauche.

Vous êtes un malhonnête ! (Elle chante plus fort.)

RODOLPHE.

Tiens, mais je n'avais pas remarqué... il me semble reconnaître cette douce voix... mais oui, ce timbre m'est familier. (Sautant en bas du lit, et mettant une vareuse.)

MUSETTE.

Ah ! mais, attendez donc... Rodolphe !

RODOLPHE.

Allons donc !

MUSETTE.

Quel heureux hasard ! Je vous tends la main !

RODOLPHE.

Je vous baise au front... Mais au fait. (Frappant au mur.) Peut-on entrer ?

MUSETTE.

Toujours ! mais pas par ici, faites le tour.

RODOLPHE, sort de sa chambre et entre aussitôt chez Musette qu'il embrasse.

Le tour est fait !

SCÈNE III.

RODOLPHE, MUSETTE, à gauche.

RODOLPHE.

Ma jolie petite Musette !

MUSETTE.

Mon bon Rodolphe ! qu'êtes-vous donc devenu ?

RODOLPHE.

Je suis devenu philosophe.

MUSETTE.

Ce qui veut dire que vous n'avez pas d'argent?

RODOLPHE.

Pardonnez-moi, j'en ai... j'en ai à payer.

MUSETTE.

Vous avez des dettes ?

RODOLPHE.

Beaucoup ! Si vous en voulez ?...

MUSETTE.

Non, merci... Faites-vous toujours des vers ?

RODOLPHE.

Oui, les jours fériés ; mais dans la semaine c'est différent ! Et même je viens de terminer un petit ouvrage fort intéressant, intitulé : *Le Parfait Fumiste*. C'est de la haute littérature en terre cuite... Enfin, ça se vend... Baptiste l'a lu, il en est assez content.

MUSETTE.

Baptiste est ici?

RODOLPHE.

Oui, par ma protection...

MUSETTE.

Savez-vous qu'il y a un an que nous ne nous sommes vus?

RODOLPHE.

Je le sais !

MUSETTE.

Et votre oncle ?

RODOLPHE.

Il y a six mois de plus, et c'est au bout de ces six mois-là, les premiers que je passai à Paris au sein de la Bohème, que vous l'avez abandonnée, vous, inconstante Musette, pour aller habiter les hauteurs cythéréennes du quartier Bréda.

MUSETTE, riant.

Vicomtesse, mon cher ! (Elle passe à droite.)

RODOLPHE.

Ah ! j'étais bien sûr que vous finiriez ainsi... une nuit ou l'autre. Mais alors comment se fait-il que je vous retrouve dans cette humble mansarde ?

MUSETTE.

Je l'ai louée par prévision, il y a deux mois, et j'y suis venue hier soir pour la première fois, c'est un pied-à-terre.

RODOLPHE.

Au cinquième étage? Enfin, je comprends... Le cœur d'un vicomte, sans préjudice du courant.

MUSETTE.

Non ! non ! c'est fini !

RODOLPHE, s'asseyant.

Et Marcel ?

MUSETTE.

Je l'aime plus que jamais.... Et la preuve.... (Montrant un petit coffre qui est sur une table à droite.) voilà ses lettres... C'est même la seule chose que j'aie emportée dans ma fuite.

RODOLPHE, se levant.

Vous nous revenez donc ?

MUSETTE.

Oui ; décidément je veux manger encore avec vous le pain bénit de la gaieté !

Air *d'une Polka.*

C'en est fait, j'oublie
Ma brillante vie,
Et je répudie
Mes nobles amours.
Oui, je vous dis adieu pour toujours,
Diamants et cachemires!
A toi, Marcel, mes seules amours,
Et caresses, et sourires!
C'en est fait, j'oublie, etc.

ENSEMBLE.

RODOLPHE.

Enfin elle oublie
Sa brillante vie!
Elle répudie
Ses nobles amours!

Ah! vous me rendez bien heureux, allez, Musette... Mais si vous retrouvez Marcel, s'il oublie le passé... il faut à l'avenir ne plus lui déchirer le cœur avec vos petits oncles roses.

MUSETTE.

Je les couperai bien courts. (Elle passe à gauche.)

RODOLPHE.

C'est ça..et tâchez qu'ils ne repoussent pas trop vite... Parce que, voyez-vous ? c'est grave, Musette! Nous autres, tout nous quitte avec la femme aimée, notre jeunesse, notre courage, notre talent! pour quelque temps du moins... J'en sais quelque chose.

MUSETTE, accoudée à la cheminée.

Marie, n'est-ce pas ?

RODOLPHE.

Oui, Marie !

MUSETTE.

Elle vous a bien aimé.

RODOLPHE, se mettant à cheval sur une chaise.

Oui, pendant un mois... Dans ce temps-là le Pactole passait dans ma chambre, mais le Pactole a changé de lit....

MUSETTE.

Et Marie ?

RODOLPHE, avec un geste significatif.

Elle a suivi le courant... Ah ! dans le premier moment, je n'étais pas drôle, vrai ! le chagrin m'avait mordu, j'étais devenu enragé.

MUSETTE.

Pauvre garçon !

RODOLPHE.

Et après, j'ai eu des idées bizarres, fantastiques... Il me fallait absolument un être à aimer. J'avais adopté un homard vivant ; je l'avais fait peindre en rouge, c'était plus gai... Mais cette affection ne me suffisait pas... (Se levant.) J'en ai fait une mayonnaise ! Puis il me vint une autre idée... Je m'en fus aux Enfants-Trouvés.

MUSETTE.

Bah !

RODOLPHE.

En regardant les enfants, je vis une belle jeune fille de dix-huit ans, orpheline comme les autres, mais qu'on avait gardée dans la maison...

MUSETTE.

Vous vouliez l'adopter ?

RODOLPHE.

Mieux que ça... Je voulais l'épouser... Je fis ma demande, je dis franchement quels étaient mes moyens d'existence : poëte lyrique. Le mariage manqua !

MUSETTE, riant.

Pauvre ami !

RODOLPHE.

Eh bien ! ça m'a fait mal de la quitter, vrai... Et je crois que, de son côté... Oui, quand je me suis éloigné, ses yeux m'ont suivi jusqu'au seuil de la maison. N'est-ce pas que ça serait très-gentil tout ça avec des vignettes ?

MUSETTE.

Dites donc, croyez-vous que Marcel m'aime encore ?

RODOLPHE.

C'est à craindre.

MUSETTE.

Où est-il ?

RODOLPHE.

Je n'en sais rien... Il voyage; je crois qu'il a dû aller en Auvergne pour faire des portraits de Savoyards. (On frappe chez Rodolphe.)

MUSETTE.

On frappe chez vous.

RODOLPHE.

Vous croyez ?

BENOIT, en dehors.

Monsieur Rodolphe, c'est moi!

RODOLPHE.

Ah! c'est monsieur Benoît, notre propriétaire ; il vient chercher de l'argent... C'est une bonne idée qu'il a là! (Criant.) Entrez... Au revoir, Musette. (Il sort.)

BENOIT, entrant dans la chambre de Rodolphe.

Pardon! je suis peut-être indiscret?.. Tiens, il n'y a personne. (Rodolphe entre chez lui.) Ah! le voilà!

SCÈNE IV.

MUSETTE, à gauche, seule, RODOLPHE, BENOIT, à droite.

BENOIT.

Monsieur, je vous salue.

RODOLPHE.

Bonjour, monsieur Benoît... Asseyez-vous donc!.. (Benoît s'assied à gauche.)

MUSETTE, prenant le coffre où sont les lettres, allant s'asseoir dans le fauteuil, et les parcourant.

Que d'amour il y avait là-dedans!..

RODOLPHE, ouvrant le rideau et la fenêtre.

Permettez-moi de vous offrir un rayon de soleil!.. (Le jour se fait.) Monsieur Benoît, quel heureux concours de circonstances me procure l'avantage de votre visite?..

BENOIT, à part.

Il est poli! Ça m'inquiète... (Haut.) Mais je venais vous dire que c'est aujourd'hui le 15 juillet. (Il tire un papier de sa poche.)

RODOLPHE.

Vraiment?.. Il faudra que j'achète un pantalon de nankin, le 15 juillet!.. Je n'y aurais jamais songé sans vous, monsieu Benoît.

BENOIT.

C'est cent soixante-deux francs, et il se fait temps de régler ce petit compte.

RODOLPHE.

Je ne suis pas absolument pressé; il ne faut pas vous gêner. Petit compte deviendra grand...

BENOIT.

Hein?

RODOLPHE.

Mais si vous y tenez absolument, réglons, monsieur Benoît. (Il s'assied à côté de lui.)

BENOIT, souriant.

Ah!

RODOLPHE.

Oh! mon Dieu! aujourd'hui ou demain, cela m'est absolument indifférent... Qu'est-ce que je vous dois?..

BENOIT, lui montrant le papier.

D'abord nous avons trois mois de chambre à 25 francs, ci 75 fr. Plus, avances pour trois paires de bottes à 20 francs. Plus, argent prêté 27 francs. — 75, 60 et 27, tout cela fait 162 francs!

RODOLPHE.

Cent soixante-deux!.. c'est extraordinaire... Quelle belle chose que l'addition!.. (Se levant.) Eh bien, monsieur Benoît, maintenant que le compte est réglé... (Il tire de sa poche un paquet de tabac et bourre sa pipe.) Nous pouvons être tranquilles...

BENOIT, se levant.

Monsieur, je n'aime pas que l'on se moque de moi! C'est de l'argent qu'il me faut.

RODOLPHE.

De l'argent! de l'argent!.. Vous êtes étonnant! est-ce que je vous en demande, moi... D'ailleurs, j'en aurais que je ne vous en donnerais pas... Un vendredi, ça porte malheur!

BENOIT.

Morbleu! Monsieur... (Musette remet les lettres dans le coffre, prend des cartes sur la cheminée et fait une réussite.)

RODOLPHE, allumant sa pipe avec des allumettes qui sont sur le guéridon.

Voyons, monsieur Benoît, attendez quelques jours...

BENOIT.

Non, Monsieur; je sais ce qu'il me reste à faire... et si l'on vient louer une chambre...

RODOLPHE.

Voulez-vous un objet d'art comme à-compte?

BENOIT.

Un objet d'art? une chose inutile? merci! (Il remonte.)

RODOLPHE, apercevant sur la table de gauche un sac d'argent que Benoît y a posé, et allant le prendre.

Monsieur Benoît!.. (Benoît descend.) vous oubliez un objet d'art : votre sac... (Il le lui donne.)

BENOIT, furieux.

Ah! très-bien! Monsieur, vous aurez de mes nouvelles! (Il sort.)

SCÈNE V.

MUSETTE, à gauche; RODOLPHE, à droite.

MUSETTE, se levant et remettant les cartes sur la cheminée.

Ma réussite est bonne... je le retrouverai!.. (Elle reporte le petit coffre sur la table à droite.)

RODOLPHE, après avoir reconduit Benoit, redescendant.

Ah! mais je ne peux pas rester ici; l'invasion des alliés va commencer, il faut fuir... Où sont mes ornements? (Il s'habille.)

SCÈNE VI.

MUSETTE, M. BENOIT, à gauche; RODOLPHE, puis SCHAUNARD, à droite.

BENOIT, en dehors, frappant à la porte de Musette.

Peut-on entrer?

MUSETTE.

Oui, monsieur Benoît, je suis visible...

BENOIT, entrant.

Mademoiselle...

MUSETTE.

Vous faites votre tournée, monsieur Benoît?

BENOIT.

Oui, et je vous avouerai que je venais...

MUSETTE.

Comment donc! mais c'est tout naturel...

BENOIT, à part.

Ah! enfin!

MUSETTE.

Je vous demanderai la permission de lacer mes bottines...

BENOIT.

Très-bien... Je dois avoir le reçu... (Il cherche dans ses poches. Musette, au fond, met ses bottines.)

SCHAUNARD, entrant brusquement chez Rodolphe.

Bonjour! (S'asseyant sur le lit.) Ouf!..

RODOLPHE, s'arrangeant devant une petite glace au-dessus de la table à gauche.

Tiens, c'est toi!..

SCHAUNARD.

Tu n'as pas cent francs à me prêter?

RODOLPHE.

Cent francs! tu feras donc toujours de la fantaisie? Tu as pris du hatchich?

SCHAUNARD.

Je n'ai rien pris du tout... Ah! si, j'ai pris un cabriolet à l'heure pour chercher de l'argent...

RODOLPHE.

Ah! bon!

BENOIT, lisant un reçu.

Non, celui-ci, c'est le reçu de M. Rodolphe... (Il cherche.)

RODOLPHE.

Eh bien?..

SCHAUNARD.

Je n'ai trouvé d'argent nulle part, et j'ai retrouvé mon cabriolet partout... Cinq heures! sept francs cinquante... Les as-tu?..

RODOLPHE.

Je ne crois pas... vois dans ce meuble de Boule... (Il désigne la commode, Schaunard ouvre les tiroirs.)

BENOIT.

Je l'aurai laissé en bas... je vais en faire un autre... (Il s'assied et écrit à la table. Musette a mis une bottine et se dispose à mettre l'autre.)

SCHAUNARD.

Mais il n'y a pas d'argent dans ce meuble!..

RODOLPHE.

C'est que le précédent locataire n'en a pas laissé...

SCHAUNARD.

Qui payera mon cabriolet?

RODOLPHE.

Qui m'invitera à dîner?.. (Ils réfléchissent.)

SCHAUNARD.

Ah! dîner! c'est aujourd'hui vendredi... Vendredi, rien ne mangeras, ni autre chose pareillement...

BENOIT, se levant après avoir écrit.

Mademoiselle, voici l'affaire : 25 et 25...

MUSETTE, ajustant sa robe.

Voulez-vous me mettre cette agrafe-là?

BENOIT.

Mais...

MUSETTE, le dos tourné.

Mais dépêchez-vous donc!.. (Benoit fait des efforts prodigieux ; Musette chantonne et se balance en mesure.)

RODOLPHE, se frappant le front.

Ah! j'ai une idée!

BENOIT.

Mademoiselle, si vous remuez ainsi...

MUSETTE.

Je croyais que ça y était...

RODOLPHE.

Si tu les empruntais au cocher?

SCHAUNARD.

Impossible, mon cher, il a été échaudé ces jours derniers...

BENOIT, s'essuyant le front.

Voilà!

MUSETTE, montant sur ses pointes pour voir dans la glace.

Voyons...

SCHAUNARD.

Tu n'as rien à vendre, ici?

RODOLPHE.

Peut-être bien... (Ils cherchent et font un inventaire des effets.)

MUSETTE.

Tiens, vous n'êtes pas trop maladroit pour votre âge. .

BENOIT, offrant sa quittance.

Vingt-cinq et vingt-cinq, cinquante...

MUSETTE.

Cinquante! on ne vous les donnera jamais... (Elle va prendre à droite son chapeau et son châle.)

BENOIT.

Mais, permettez...

MUSETTE.

Je suis à vous dans une minute...

RODOLPHE, avec triomphe, trouvant un livre dans sa malle.

Ah! à vendre, un volume de poésies avec le portrait de l'auteur, en lunettes.

SCHAUNARD.

J'aimerais mieux un pantalon... sans lunettes!..

MUSETTE, ayant mis son châle et son chapeau.

Monsieur Benoit, vous devez perdre beaucoup avec les jeunes gens qui perchent chez vous?..

BENOIT.

Oui, Mademoiselle, beaucoup.

MUSETTE.

Et quand ils ne vous payent pas, comment faites-vous?

BENOIT.

Je les fais poursuivre.

MUSETTE.

Et quand ce sont des femmes?

BENOIT.

Je les poursuis moi-même..

MUSETTE.

Vraiment?.. Eh bien, courez après!.. (Elle se sauve en riant.)

BENOIT, furieux.

Mademoiselle! Mademoiselle! (Il sort derrière elle.)

SCÈNE VII.

RODOLPHE, SCHAUNARD, à droite, puis BAPTISTE à gauche.

SCHAUNARD.

Il n'y a rien de propre à laver ici... (On entend une demie.) Ah! cinq heures et demie de cabriolet!.. sept quatre-vingts! Adieu, je vais chercher de l'argent... (Il remonte.)

RODOLPHE.

Je vais courir après un dîner... (Avec un cri.) Ah! (Il fouille dans sa poche et en tire un papier.) Je le tiens! (Schaunard redescend. Lisant.) « Banquet de cinq cents couverts, en l'honneur de la naissance du Messie humanitaire. »

SCHAUNARD.

On ne tient qu'un sur ton billet?

RODOLPHE.

Oui, mais on tient deux dans ton cabriolet, partons!.. je te rapporterai des noisettes... (Ils remontent.)

SCHAUNARD.

Oh! (Ils redescendent.) Quelle idée!.. je garde mon cabriolet... au mois!... (Ils sortent.)

RODOLPHE, à Baptiste qui est sur le seuil de la chambre de Musette.

Baptiste, s'il vient des Anglais pour moi, vous direz que je suis dans les Basses-Pyrénées... (Ils disparaissent.)

BAPTISTE.

Oui, Monsieur... (Entrant à gauche.) Basses-Pyrénées, Pau... patrie de Henri IV!..

SCÈNE VIII.

BAPTISTE, seul, à gauche.

(Il porte un balai, un plumeau, un seau et une cruche en zinc, et deux paires de draps. Il dépose tous ces objets en entrant.)

Monsieur Benoît m'a dit de faire cette chambre, et de mettre des draps au lit... Cette chambre était donc habitée? je l'ignorais... Tiens, c'est ma foi vrai, et ces fragments d'uniforme, dispersés çà et là, indiquent suffisamment à quel régiment gracieux appartient la créature qui loge sous ces poutres : c'est une fille d'Eve! une mangeuse de pommes... (Il furète dans la chambre.) Voyons un peu... comme ce petit bonnet est coquettement placé sur cette bouteille!... comme ces fleurs et ces rubans attestent bien le passage d'une petite main capricieuse et mutine!.. (Il s'approche du lit.) C'est là qu'elle a dormi, le lit conserve encore une empreinte voluptueuse dans laquelle on pourrait mouler une Vénus... Et M. Benoît s'imagine que je vais détruire cela?.. (Avec dedain.) Ah!.. barbare! Vandale! Visigoth!.. (Il prend tout son attirail.) Allons faire l'autre chambre. (Il passe à droite; arrivé au milieu de la chambre, il regarde de tous côtés et éclate de rire.) Ah! ah! quel admirable désordre! rien n'est à sa place, tout est parfaitement dérangé... (Il dépose tout ce qu'il tient.) Quelle antithèse!.. Là-bas, la grâce, la coquetterie... ici, la force, le travail... là-bas, des fleurs, des rubans... ici, des pipes, des papiers, de l'encre partout, jusque sur les draps... et je les changerais?.. jamais!.. (Il s'asseoit près du guéridon.) Il y a beaucoup de besogne dans cette maison... dire que j'ai vingt-sept chambres à faire comme ça tous les jours... ça me prend tout mon temps... (Il regarde sur le guéridon.) Tiens, M. Rodolphe a reçu les épreuves du *Parfait Fumiste*... (Il prend les épreuves et se lève.) Je vais les lui corriger et mettre un cent de virgules... (S'asseyant à la table de droite et lisant.) « Chapitre des ventouses. » (Il continue à lire tout bas et corrige.)

SCÈNE IX.

M. BENOIT, MARCEL, UN COMMISSIONNAIRE, portant une malle, à gauche; à droite, BAPTISTE, travaillant.

BENOIT, entrant le premier.

C'est ici, Monsieur; ça vous convient-il?

MARCEL, entrant.

Parfait! admirable! le Louvre en petit... (Au commissionnaire.) Déposez là cet objet... Prenez garde! c'est un peu lourd. (Il l'aide à mettre la malle à terre contre le lit.)

BENOIT, à part, avec satisfaction.

Ce jeune homme paraît avoir beaucoup de linge... Désirez-vous que je vous aide à ouvrir votre malle?

MARCEL.

Je vous remercie bien... elle ne ferme pas... (Il paye le commissionnaire qui sort.)

BENOIT.

Excusez-moi, Monsieur, si je vous quitte, mais il y a en bas une jeune fille qui m'attend pour voir la chambre à côté...

MARCEL.

Bien le bonjour, que je ne vous retienne pas... (Il le reconduit. Benoit sort. Redescendant.) Une jeune femme près de moi!.. c'est un cadeau de la Providence!

BAPTISTE.

Vingt-deux fautes dans trois lignes!.. O Guttemberg!..

SCÈNE X.

MARCEL, à gauche; BAPTISTE, à droite.

MARCEL.

Oh! j'ai une idée!.. vite, une vrille... (Il en prend une dans sa malle, après en avoir retiré quelques toiles, des crayons, des pinceaux qu'il pose sur le lit.)

BAPTISTE.

Je crois que cette dame est rentrée... Ma foi, en ce moment, l'amour des belles-lettres est moins fort chez moi que la curiosité... (Il se lève et colle son oreille à la cloison.)

MARCEL.

Voilà mon affaire... (Perçant la cloison.) Grâce à cet observatoire, si cette personne est d'une architecture agréable...

BAPTISTE.

Je crois que je n'entends rien... (Il colle son oreille à la cloison.)

MARCEL.

Je transmettrai ses épaules à ma chaste Suzanne, qui n'en a pas encore... Je crois que ça avance...

BAPTISTE.

C'est singulier, la voix ne pénètre pas... (Poussant un cri et se reculant en tenant sa joue à deux mains.) Ah! une bête! un aspic!..

MARCEL, reculant.

Il y a du monde dans ce mur!.. (L'orchestre joue : *Réveillez-vous, ma mie Jeannette.*)

SCÈNE XI.

MARCEL, à gauche; à droite, BAPTISTE, MIMI, un carton à la main; BENOIT.

BENOIT, entrant le premier.

Nous y voilà... (Mimi entre et s'appuye sur le bois de lit.) Asseyez-vous, Mademoiselle, vous paraissez souffrir...

MIMI, la main sur sa poitrine.

Oui, de là... c'est quand je monte; mais ce n'est rien!.. (Elle pose son chapeau et son châle sur le lit.)

MARCEL, regardant à travers la cloison.

Oh! qu'elle est jolie! Voilà un cou qui fera joliment mon affaire... Vite, profitons de l'inspiration... (Il prend une toile, un crayon, s'assied contre la cloison et se dispose à travailler.)

MIMI.

Voit-on clair ici?

BAPTISTE.

Ah! Mademoiselle, le soleil en est le locataire assidu!

MIMI, qui a été à la fenêtre, après avoir mis son carton sur le guéridon.

Il fera de l'orage, voyez-vous, ce soir... c'est un peu pour ça que je ne me sens pas bien...

BENOIT.

Mademoiselle est couturière?

MIMI.

Je fais des fleurs, Monsieur.

BAPTISTE.

C'est une bien jolie profession... le printemps est votre confrère...

BENOIT, bas, à Baptiste.

Comment! cette chambre n'est point faite?

BAPTISTE.

Pardonnez-moi, Monsieur, elle est faite au point de vue de l'art...

BENOIT.

Hein? Voyons, dépêchez-vous...

BAPTISTE.

Oui, Monsieur...

BENOIT, saluant.

Mademoiselle, on va tout préparer... (Il sort.)

BAPTISTE, reprenant tous ses ustensiles, à Mimi.

Mademoiselle, si vous avez besoin de quelque chose, vous sonnerez... Je n'y serai pas... je vais au cabinet littéraire en face! (Il sort.)

SCÈNE XII.

MARCEL, à gauche, travaillant; à droite, MIMI.

MIMI, prenant dans son carton une garniture de fleurs.

Pourvu qu'on ne m'ait pas suivie!.. Voyons, j'examinerai mon logement plus tard... je voudrais finir cette garniture avant la nuit... (Elle s'assied près du guéridon et travaille.)

MARCEL, l'œil à la cloison.

Diable! elle a une robe bien montante! je ne vois pas même l'origine des épaules... il me faut des épaules!..

MIMI.

Il fait bien chaud ici... (Elle ôte un petit fichu qui lui couvrait les épaules.)

MARCEL, avec un cri de joie.

Ah! les ravissantes courbes! (Il travaille.)

MIMI.

C'est drôle... quand je souffre comme tout à l'heure, ça me rend triste tout de suite... il me semble que je ne rirai plus jamais... et tout ce que j'ai de chagrin me revient là... Mais quand la douleur est partie, comme en ce moment, je ne pense plus qu'à ce qui peut me rendre heureuse... je ne pense plus qu'à lui, et mes chansons me reviennent aux lèvres.

Air nouveau de M. J. Nargeot.

Réveillez-vous, ma mie Jeannette,
Et mettez vos plus beaux habits;
C'est aujourd'hui le jour de fête,
Le jour de fête du pays!

MARCEL.

Oh! la jolie petite voix!.. Mais elle est charmante! adorable!.. J'en suis amoureux fou!.. Et j'admire des lignes, au lieu d'en tracer de brûlantes!.. (Se levant et posant sa toile et son crayon sur la table.) Vite, quelque chose à quatre-vingt-dix degrés. Richelieu!.. Une plume, de l'encre!.. (Il court dans la chambre et aperçoit le bonnet.) Un bonnet! (Il prend le bonnet.) Il est venu un bonnet chez moi!.. c'est-à-dire non, c'est moi qui suis venu chez le bonnet... Je me souviens, une pauvre fille qui ne payait pas... ce butor de maître d'hôtel m'a prévenu... (Remettant le bonnet sur la bouteille.) Oh! c'est particulier!..

MIMI.

Le jour baisse... je n'aurai pas fini!

MARCEL.

Oh! c'est particulier! ce petit bonnet ressemble à Musette; il a, comme elle, quelque chose de retroussé dans la physionomie... Qu'est-ce que c'est que ça?.. (Trouvant une ceinture sur la cheminée.) Une ceinture!.. juste la taille de Musette... Ah! mon Dieu! est-ce que... voyons donc... (Il continue à fureter.)

SCÈNE XIII.

LES MÊMES, RODOLPHE, puis BAPTISTE.

RODOLPHE, en dehors, criant.

Baptiste! ma clef!

MARCEL.

Tiens!.. (Il écoute.)

RODOLPHE.

Baptiste! ma clef, animal!

MARCEL.

Je connais cet instrument humain...

RODOLPHE, ouvrant la porte de gauche.

Il n'y a donc personne ici?

MIMI.

Oh! il m'a semblé... (Elle écoute.)

MARCEL, criant.

Juste!

RODOLPHE, entrant à gauche.

Ah! bah! c'est toi?

MARCEL.

C'est moi...

RODOLPHE.

C'est toi! c'est moi! c'est nous!.. embrassons-nous!..Prête-moi cinq francs!..

MARCEL, lui donnant de l'argent.

Les voilà!

RODOLPHE.

Je suis à toi!.. (Il va au fond, en dehors, et sonne à tour de bras.)

MIMI.

Je suis folle!.. mais je crois toujours le voir ou l'entendre...

BAPTISTE, entrant à gauche.

Me voilà, Monsieur...

RODOLPHE.

C'est heureux!

BAPTISTE.

J'étais en face, je compulsais... Tiens, monsieur Marcel!..

RODOLPHE, lui donnant l'argent.

C'est bon... va-t'en et apporte ici de la nourriture pour cinq francs... (Baptiste sort.)

MARCEL.

Tu n'as donc pas diné?

RODOLPHE.

J'ai failli diner... j'ai été sur le bord d'un potage, mais la police est venue le renverser... (On entend sonner une demie.) Et ce pauvre Schaunard, quand je pense qu'à l'heure qu'il est il a onze heures de cabriolet!... (Il va s'asseoir dans le fauteuil.)

MARCEL.

Ah! qu'est-ce que c'est que ça!.. Autrefois j'ai eu quinze jours de bateau à vapeur... Du reste, s'il avait l'idée de venir, je le tirerais d'embarras...

RODOLPHE.

Tu es donc millionnaire?

MARCEL.

A peu près, j'ai deux mille francs de placés... là, dans ma malle... deux mille francs d'Auvergnats... Dieu! qu'ils sont laids! mais qu'ils payent bien!.. Ah çà, mon ami, permets-moi de continuer mes recherches... je suis une piste... (Il continue à fureter.)

RODOLPHE.

Ne te gêne pas... Eh bien! vous êtes raccommodés?

MARCEL.

Avec qui?

RODOLPHE.

Avec Musette.

MARCEL.

Pourquoi ça?

RODOLPHE.

Comment, pourquoi ça?

MARCEL, qui a trouvé et ouvert le petit coffre.

Des lettres!..

RODOLPHE.

Eh bien, les tiennes!

MARCEL.

Bah!.. et ce bonnet?

RODOLPHE.

Le sien!

MARCEL.

Elle est ici?.. Je m'en doutais!

RODOLPHE, se levant.

Tu ne l'as donc pas vue?

MARCEL.

Mais non... on m'a loué cette chambre, on lui a donné congé.

RODOLPHE.

C'est un tour du Benoît.

MARCEL.

Elle est partie?

RODOLPHE.

Elle reviendra... elle tient à tes lettres...

MARCEL.

Tu crois?.. Je vais attendre cinq minutes, et après j'irai chez Madeleine... elle me dira où est Musette... Consacrons ces cinq minutes à l'amitié... Tu loges ici?

RODOLPHE.

Oui, là...

MARCEL.

Comment, là? il y a une jeune fille!

RODOLPHE.

Allons donc!

MARCEL.

Regarde!

RODOLPHE, allant regarder par la cloison, avec un cri.

Ah!

MARCEL.

Quoi?

RODOLPHE.

Mimi!

MIMI.

Qui m'appelle?

RODOLPHE, avec joie.

C'est Mimi!

MARCEL.

L'enfant trouvé?

MIMI, se levant.

Oh! je ne me suis pas trompée! (Elle se rapproche de la cloison.)

RODOLPHE, revenant près de Marcel.

Ah! mon ami!

MIMI.

C'est sa voix!

RODOLPHE, s'appuyant sur Marcel.

Mes jambes ne me suffisent plus... prête-moi les tiennes?..

MARCEL.

Je n'ai que celles-là, j'en ai besoin pour courir après Musette; adieu! (Il se sauve.)

RODOLPHE.

C'est drôle!.. je n'ose pas entrer chez moi, chez... elle... Ah bah!.. allons!.. (Il sort.)

MIMI, écoutant.

Je n'entends plus rien!.. Est-ce qu'il est parti? (Rodolphe frappe à la porte de droite. — Avec joie.) Le voilà! Entrez!..

RODOLPHE, entrant à droite.

Mademoiselle...

MIMI, lui tendant la main.

C'est moi!

RODOLPHE.

Ah ! j'en étais bien sûr !.. ma chère Mimi...

MIMI.

Vous ne m'avez donc pas oubliée ?

RODOLPHE.

Vous oublier ! oh ! je pensais trop à vous pour ça.

MIMI, joyeuse.

Oh ! la bonne Providence, qui a bien voulu nous réunir !..

RODOLPHE.

Oui, c'est elle qui a voulu que je dusse deux termes, pour que mon propriétaire louât ma chambre à une autre personne... et que cette autre personne fût vous !

MIMI.

Ah çà, est-ce que vous n'êtes pas étonné de me voir ?

RODOLPHE.

Oh ! moi, je suis heureux, d'abord, je serai étonné tout à l'heure.

MIMI.

Vous ne me faites pas de questions ?

RODOLPHE.

A quoi bon ? vous êtes près de moi, le reste m'est égal.

MIMI.

Mais, moi, je ne veux pas que vous puissiez avoir de mauvaises idées... et je vais tout vous dire... (Rodolphe lui donne une chaise, la fait asseoir, et s'assied à côté d'elle.)

BAPTISTE, entrant à gauche et apportant un panier de restaurateur plein de provisions.

Voilà les comestibles... (Regardant autour de lui.) Personne ! (Posant le panier près de la cheminée.) Ça se tiendra chaud, si on fait du feu. (Il sort.)

MIMI, à Rodolphe.

Et maintenant, écoutez-moi...

RODOLPHE.

Donnez-moi vos mains, j'écouterai mieux.

MIMI.

Les voilà !

RODOLPHE, lui prenant les mains.

J'écoute !

MIMI.

Depuis ce jour où vous êtes venu, vous savez ?...

RODOLPHE.

Oui, pour vous demander en mariage ; une idée... qui n'a pas eu de succès.

MIMI.

Depuis ce jour-là, je n'ai pas cessé de penser à vous.

RODOLPHE.

Chère petite Mimi !

MIMI.

Ça vous semble peut-être drôle que je vous dise ça ?

RODOLPHE.

Non, non, allez.

MIMI.

J'espérais toujours que vous reviendriez.

RODOLPHE.

Ma fortune n'était pas encore assez bien établie.

MIMI.

C'est ce que j'ai pensé. Un jour on me proposa d'entrer chez une vieille dame comme demoiselle de compagnie; l'idée m'est venue qu'en quittant l'hospice j'aurais peut-être l'occasion de vous rencontrer, et j'ai accepté avec joie, mais je n'ai pas tardé à m'en repentir, allez!

RODOLPHE.

Comment!

MIMI.

La dame chez qui j'étais recevait souvent la visite d'un vieux monsieur, et toutes les fois qu'il venait à la maison elle trouvait toujours un prétexte pour me laisser seule avec lui.

RODOLPHE.

Ah! je comprends!

MIMI.

Ce monsieur me disait des choses... si vous saviez.

RODOLPHE.

Je les sais par cœur.

MIMI.

Enfin, hier, quand je m'y attendais le moins, il m'a prise dans ses bras.

RODOLPHE.

Oh! (Il l'enlace.)

MIMI.

Et il m'a embrassée....

RODOLPHE, l'embrasse.

C'est affreux ...

MIMI.

Madame est arrivée, elle m'a dit que si une pareille scène se renouvelait, elle me chasserait.

RODOLPHE, se levant.

Ah! c'est très-gentil.

MIMI, se levant aussi.

Moi, je n'ai pas voulu rester plus longtemps dans cette maison; le soir... je me suis sauvée, et voilà comment je suis ici...

RODOLPHE.

Chère petite Mimi, ne craignez plus rien! Autrefois je voulais vous épouser, aujourd'hui je vous adopte! (Après l'avoir embrassée.) Voulez-vous me permettre de vous embrasser?

MIMI.

Mais vous m'avez déjà embrassée une fois.

RODOLPHE.

Non, deux fois seulement.

MIMI.

Oh ! c'est différent. (Rodolphe l'embrasse.)

RODOLPHE.

Adieu, Mimi ; je vais faire mes malles, car il faut que je parte. (Il ramasse ses papiers et les met dans sa malle.)

MIMI.

S'il y avait deux chambres.

RODOLPHE.

Oui, mais il n'y en a qu'une....

MIMI.

Ah ! vous n'avez pas un ami à côté ?

RODOLPHE.

Il n'est pas seul, il est .. marié ! (La nuit commence à venir.)

MIMI.

Eh bien, ce monsieur viendra ici avec vous, et moi, je passerai la nuit avec cette dame, ça revient au même.

RODOLPHE.

Non, Mimi, ça ne revient pas au même !.... Je m'en vais. (Il remonte.)

MIMI, allant à la fenêtre.

Ah ! il pleut à verse.

RODOLPHE.

Ce n'est qu'une pluie d'orage, il ne pleuvra plus après-demain.

MIMI.

S'il faisait jour...

RODOLPHE.

Oui, mais il fait nuit... Je dirai qu'on vous envoie de la lumière.

SCÈNE XIV.

LES MÊMES, à droite; à gauche, MARCEL, entrant brusquement la chandelle à la main. — Le jour se fait dans la chambre de gauche.

MARCEL.

Pas de Musette ! Je suis imbibé. (Il ferme sa porte avec fracas, met sa chandelle sur la cheminée, et secoue son chapeau.)

MIMI, à Rodolphe qui allait sortir.

Il me semble que ce monsieur est rentré.

RODOLPHE.

Vous croyez ? (Appelant.) Est-ce toi, Marcel ?

MARCEL.

Tiens, tu es là toi, gaillard ?

RODOLPHE.

Oui !

MARCEL.

Tu es deux ?

RODOLPHE.

Oui ; aussi je déménage, j'attends que l'averse soit calmée.

MARCEL.

Je n'ai pas retrouvé Musette ; si tu veux venir loger avec moi... ?

MIMI.

Quel bonheur !

RODOLPHE.

Que le diable t'emporte !

MARCEL.

Ah ! bon ! compris.

MIMI.

Comment ?

RODOLPHE.

Rien, rien... (A part.) Il faut partir. (Bruit dans l'escalier.)

MUSETTE, criant en dehors.

Il me faut mes lettres !

MARCEL.

C'est Musette ! (Il court à la porte, qu'il ouvre.)

SCÈNE XV.

MARCEL, MUSETTE, BENOIT, à gauche ; à droite, RODOLPHE, MIMI.

MUSETTE, se jetant dans les bras de Marcel.

Marcel !

MARCEL.

Quelle chance !... (Il la fait asseoir à gauche.)

BENOIT, entrant à gauche.

Madame, c'est scandaleux ; vous n'êtes plus ici chez vous !

MARCEL.

C'est juste ! Madame est chez moi. (Allant près de la cloison et criant.) Je te reprends mon hospitalité, Rodolphe.

BENOIT.

Comment ! monsieur Rodolphe aussi !.. Ah ! c'est trop fort ! (Il sort. Marcel ferme la porte sur lui.)

MIMI, avec effroi.

Il vient ici, il va vous faire une scène. (Elle ferme vivement la porte.)

BENOIT, en dehors, frappant à la porte de droite.

Sortez, Monsieur, vous n'êtes plus chez vous.

RODOLPHE.

Non, je suis chez Mademoiselle.

BENOIT.

C'est scandaleux !

RODOLPHE.

Calmez-vous, je lève l'ancre.

MARCEL.

Et maintenant, soupons. (Aidé de Musette, il met les provisions sur la table, qu'il a placée au milieu ; ils s'asseyent de chaque côté de la table, et soupent.)

MUSETTE.

Ah ! et Rodolphe ?... (Elle va se lever.)

MARCEL, la retenant.

Il ne soupera pas.

RODOLPHE.

Adieu, Mimi !

MIMI.

Vous partez ?

RODOLPHE.

Je vais vous envoyer Musette et prendre sa place. (A part.) Ça ne reviendra pas au même comme je le disais, mais enfin ! (Haut.) Voyez-vous, Mimi, je pourrais peut-être rester en vous compromettant bien, car je tiens ordinairement ma parole ; mais j'ai vingt-deux ans et vous dix-huit, ô Mimi ! et... Je m'en vais... (Il remonte. — L'orchestre joue un fragment du finale du deuxième acte du *Barbier*.)

MIMI.

Nous ne nous verrons plus que demain. (Rodolphe l'embrasse et sort en emportant sa malle.)

MIMI, redescendant après avoir fermé la porte.

Heureusement les nuits sont courtes !

RODOLPHE, en dehors, frappant à la porte de Marcel.

Marcel, ouvre-moi !

MARCEL.

Hein ?

RODOLPHE.

Il le faut !

MUSETTE.

Vous vous moquez du monde !

RODOLPHE.

Marcel, ne consulte pas Musette, consulte la morale.

MARCEL, se levant et rangeant la table dans un coin.

Je ne consulte que mon cœur, je n'ouvre pas. (Il se met aux genoux de Musette.)

RODOLPHE.

Pas de bêtises ! (Il frappe plus fort.)

MARCEL, criant.

La porte à côté ! (Il embrasse Musette. — Mimi est près du lit. On frappe doucement à sa porte.)

RODOLPHE, en dehors, à voix basse.

Mimi... c'est moi ! (Mimi reste tout interdite. — Le rideau baisse.)

ACTE TROISIÈME

Chez Musette

Un salon. — Portes au fond, à gauche et à droite. — De chaque côté du théâtre, une causeuse. — Contre celle de gauche, un guéridon. — A gauche, une table. — Cheminée à gauche, au premier plan. — Au fond, à droite, une console. — Chaises, fauteuils, un petit tabouret.

SCÈNE PREMIÈRE

MUSETTE, MIMI. Au lever du rideau, Musette lit et fume, étendue sur la causeuse de droite ; Mimi, sur celle de gauche, termine une couronne.

MUSETTE.

Ah çà ! tu travailleras donc toute la vie, toi ?

MIMI.

Ah ! laisse donc, quand je viens te voir, je ne fais rien du tout ! Je travaille bien plus que ça dans notre petite chambre.

MUSETTE.

Tu te tueras ; tu n'es pas déjà si bien portante, et depuis que je te connais, je ne t'ai pas vue te reposer un jour.

MIMI.

Dame ! Rodolphe n'est pas riche.

MUSETTE, se levant.

Et pourquoi n'est-il pas riche ? C'est bête les hommes qui n'ont pas le sou.

MIMI, se levant aussi.

Ah ! Musette !...

MUSETTE.

C'est vrai ça ; avec eux, il faut toujours compter.

MIMI.

Il me semblait pourtant que vous ne comptiez guère.

MUSETTE.

Tu crois ça ? Eh bien, ma petite, depuis la naissance des deux mille livres que tu sais, nous avons vécu comme des pingres.

MIMI.

Vous, avec un domestique ?

MUSETTE.

Baptiste ?... Est-ce que c'est un domestique sérieux ? Il n'est bon à rien ; il n'a pas même... (Étourdiment.) l'intelligence des billets doux.

MIMI, étonnée.

Comment ?...

MUSETTE.

Rien, je te conterai ça.

MIMI.

Dis donc, Musette, tu te souviens le lendemain du jour où tu avais retrouvé Marcel, tu lui as donné un joli pot de pensées ?

MUSETTE.

Oui.

MIMI.

Vous vous étiez promis de vous aimer tant que vivraient les fleurs. Tu ne voulais pas t'engager pour davantage.

MUSETTE.

C'est vrai.

MIMI.

Mais quelques jours après, tu arrosais les pensées en cachette pour les empêcher de mourir.

MUSETTE.

Oui ; je regrettais même de ne pas avoir choisi des immortelles.

MIMI, tout bas.

Est-ce que tu n'arroses plus tes pensées ?

MUSETTE, embarrassée.

Mais... je crois que...

MIMI.

Est-ce que tu n'aimes plus Marcel ?

MUSETTE.

Si, c'est un bon garçon ; mais il n'arrive à rien.

MIMI.

Il arrivera...

MUSETTE.

Eh bien, quand il arrivera, je serai peut-être revenue.

MIMI.

Que veux-tu dire ?

MUSETTE, riant.

Tiens, ne fais pas attention, je suis dans mon jour d'ambition ; le vent est aux cachemires...

MIMI, passant à droite.

Oh ! plus bas ; Marcel est là avec Rodolphe... (Elle montre la chambre à droite.) S'il t'entendait ?... (Elle met sa couronne dans son carton, qui est sur la console, et revient près de Musette. — A mi-voix.) Voyons, Musette, n'aie pas de ces vilaines idées-là... Ce pauvre garçon, si tu le trompais... il serait capable d'en mourir.

MUSETTE, riant, et à part.

Il y a longtemps qu'il serait mort... (Haut.) Est-ce que tu crois qu'on meurt d'amour, toi ?

MIMI.

Mais oui. Quand Rodolphe me quittera, je mourrai, vois-tu, j'en suis bien sûre. (Comme à elle-même.) Pourvu que je ne meure pas avant.

MUSETTE.

Ah! mon Dieu! que tous ces gens-là sont donc gais!..

MIMI.

Pardonne-moi.

MUSETTE.

Non, au fait, c'est moi qui suis une égoïste; mais ce n'est pas ma faute. L'ennui me tue, je ne peux pas le supporter. Le bon Dieu m'a faite comme ça.

Air : *Assez dormir, ma belle.*

J'aime ce qui rayonne,
J'aime ce qui résonne!
L'or aux reflets joyeux!
Tout ce qui, dans la vie,
Eclate en poésie
Pour l'oreille et les yeux.

J'aime la folle ivresse
Qui ranime sans cesse
L'amour et le désir,
Et les ardentes fièvres
Qui font fleurir aux lèvres
Les roses du plaisir.

J'aime ce qui rayonne, etc.

MIMI.

Eh bien, aujourd'hui tu devrais être heureuse, puisque vous donnez une soirée.

MUSETTE.

Ça une soirée? Il n'y a pas seulement un milord à la porte. Des invités arrivent à pied et s'en vont sur la tête. (Riant.) Je t'ai dit que j'étais dans mon mauvais jour; mais c'est fini, et, quoi qu'il doive arriver, je serai encore Musette... (A part.) Au moins jusqu'à demain matin.

MIMI.

Oui, va, ne pense plus à ça, et aime bien Marcel, puisqu'on ne t'en empêche pas.

MUSETTE.

Eh bien! est-ce qu'on veut t'empêcher d'aimer Rodolphe?

MIMI, troublée.

Non... non... (A part.) D'ailleurs, on aurait beau faire... (Musette va s'asseoir sur la causeuse de gauche.)

SCÈNE II.

LES MÊMES, BAPTISTE, entrant par le fond, une lettre à la main.

BAPTISTE, s'approchant de Mimi, bas.

Mademoiselle, une lettre de M. Durandin... Chut!.. (Il la lui donne en cachette.)

MIMI, à part.

Encore !.. (Elle cache la lettre.)

BAPTISTE, qui s'est approché de Musette, bas.

Mademoiselle, le piqueur de milord est en bas. (Mimi lit tout bas.) « Si vous vous décidez... ce soir, à onze heures, à la petite porte, un coupé bai, deux chevaux bleus... » (Se reprenant.) Non, c'est le...

MUSETTE, éclatant de rire.

Mon Dieu! qu'il est donc bête, ce Baptiste!.. (Baptiste se rapproche de Mimi.)

MIMI, à part.

Moi, oublier Rodolphe! est-ce que je peux ? (Bas à Baptiste en lui remettant la lettre.) Vous rendrez cette lettre à M. Durandin, comme vous avez dû lui rendre les autres. C'est ma seule réponse.

BAPTISTE.

Fort bien, Mademoiselle. (A part.) Je sais ce qu'il me reste à faire. (Marcel et Rodolphe sortent de la chambre à droite. — Marcel relit un papier. Rodolphe va à Mimi.)

MIMI, à Rodolphe, en prenant son carton sur la console.

Je vais reporter cette couronne au magasin, entends-tu? Adieu ! (Rodolphe l'embrasse, et elle sort par le fond.)

SCÈNE III.

RODOLPHE, MARCEL, MUSETTE, BAPTISTE.

MARCEL, lisant.

« Le souper sortira des fourneaux de Chevet, les sorbets des glacières de Blanche, les fleurs de chez madame Prévost. » (A Musette.) Qu'en penses-tu?

MUSETTE.

Ce n'est pas mal.

MARCEL.

Et toi, Rodolphe ?

RODOLPHE.

Ça me paraît mythologique, éblouissant; mais cette réjouissance artistique va coûter fort cher ?

MARCEL.

Quatre cents francs tout au plus!

MUSETTE, se levant.

Une misère!..

RODOLPHE.

Diable!.. vous êtes donc encore bien riches ?

MARCEL.

Dame! depuis deux mois que nous vivons avec tant d'économie...

MUSETTE.

Ça, c'est bien vrai! (Baptiste s'est assis sur la causeuse de gauche et lit.)

RODOLPHE, riant.

Le strict superflu.

MARCEL.

Laisse donc. Je n'ai pas même d'habit noir; il va falloir que je m'en procure un pour recevoir le gilet blanc du critique influent; mais nous n'avons pas de temps à perdre. Baptiste !

BAPTISTE, se levant et quittant son livre.

Monsieur ?..

MARCEL, lui donnant un papier.

Voici une liste de commandes, n'oubliez rien.

BAPTISTE.

Non, Monsieur, je n'oublie jamais rien. (Fausse sortie.) Ah! à propos, j'oubliais... voici un papier qu'on vient de me remettre... c'est pour Madame. (Il le donne à Musette.)

MUSETTE.

Encore?..

MARCEL.

Qu'est-ce que c'est ?..

MUSETTE.

Des imprimés, des prospectus de magasins de nouveautés... je ne les lis jamais. (Elle donne le papier à Marcel et va s'asseoir sur la causeuse de droite. Baptiste s'est rassis sur celle de gauche et a repris sa lecture.)

MARCEL, ouvrant le papier.

Ah! bon!.. ah! bien!... ah! très-bien!..

RODOLPHE, regardant le papier.

Mais c'est du papier timbré !

MUSETTE.

Du papier timbré !

MARCEL, à Musette.

Ils sont drôles, tes magasins de nouveautés; écoute comme ils s'expriment : « L'an mil huit cent quarante-six, le 25 octobre, à la requête de .. ton tapissier... »

MUSETTE, se levant.

Qu'est-ce que ça veut dire ?

MARCEL.

Ça veut dire que tu croyais tes meubles payés et qu'ils ne e sont pas... voilà.

MUSETTE, à part.

Ah! fi! un vicomte... (Haut.) Je suis saisie!..

MARCEL.

Pas encore, ce n'est que pour demain matin.

RODOLPHE.

Ah! bien, alors...

MARCEL, passant près de Baptiste.

Mais comment n'avons-nous rien su de tout ça? Quand donc est-on venu saisir? (Musette s'est rassise.)

BAPTISTE, sans se lever.

Saisir? Ah! j'y suis. Il y a quelques jours, comme j'étais seul à la maison, un monsieur très-maigre, avec un habit très-gras, est venu faire ici un inventaire au nom de la loi.

MARCEL, à Baptiste.

Pourquoi n'as-tu rien dit?

BAPTISTE.

Oh! je n'ai pas attaché d'importance...

MARCEL.

Il va falloir payer!... Nous donnerons un à-compte; ça va déranger nos plans d'économie... Enfin!.. Voyons un peu où nous en sommes. (A Baptiste.) Baptiste, va chercher le coffre-fort.

BAPTISTE, se levant.

Oui, Monsieur. (Il sort par la gauche.)

SCÈNE IV.

LES MÊMES, COLLINE, entrant par le fond.

RODOLPHE.

Ah! voilà Colline. (Musette se lève.)

COLLINE.

Bonjour, mes amis. (Passant près de Musette.) Souffrez que je vous baise la main... (Il l'embrasse au visage.) sur la personne de votre joue.

BAPTISTE, rentrant et apportant un coffret qu'il pose sur le guéridon.

Monsieur, il est bien léger. (Musette passe près du guéridon.)

MARCEL.

C'est qu'il n'y a plus que des billets.... Colline, tu vas assister à l'autopsie.

MUSETTE, qui a ouvert le coffre.

Ah!

MARCEL.

Qu'est-ce qu'il y a?

MUSETTE.

Il n'y a rien du tout.

BAPTISTE.

Pardonnez-moi, il y a une araignée... Araignée du matin, chagrin.

MARCEL.

Mais nous n'avons pas pu dépenser deux mille francs en deux mois!.. Il faut vérifier les comptes de dépenses... Baptiste, apportez la tenue des livres... (Baptiste sort par la gauche en emportant le coffret.) Nous retrouverons l'erreur.

COLLINE.

Oui; mais nous ne retrouverons pas l'argent!

MUSETTE, avec aigreur.

Ce n'est toujours pas ce que l'on m'a acheté qui a pu...

MARCEL.

Musette, des reproches!

MUSETTE.

Moi! il y avait de l'argent, il n'y en a plus, que m'importe? je n'en ai pas besoin. (Elle passe à droite et va se rasseoir sur la causeuse.)

BAPTISTE, rentrant et apportant un énorme registre.

Voilà, Monsieur. (Il le pose sur le guéridon, puis il se rassied sur la causeuse de gauche et fume une cigarette.)

MARCEL.

Voyons. (Il ouvre le registre.) Le 22 août, reçu en caisse 2,000 fr. — Du 23, — dépenses : — une pipe turque, 25 fr. — Rachat de deux petits Chinois condamnés à être jetés dans le fleuve Jaune, 2 fr. 50.

COLLINE.

Cette nécessité de racheter des Chinois... si du moins ils avaient été à l'eau-de-vie...

MARCEL.

Du 24, dîner à quarante sous, Musette et moi, 22 francs. — Du 25, donné 5 francs à Baptiste sur ses gages. (Baptiste fait un signe affirmatif.) — Du 26, donné 6 francs à Baptiste. (Nouveau signe de Baptiste.)

MUSETTE, se levant.

On lui a donné bien souvent, à Baptiste?

MARCEL.

Du 27, un singe, 70 francs; un perroquet, 150 francs.

COLLINE.

Un singe!

RODOLPHE.

Un perroquet! je ne vous en ai jamais connu?

MARCEL.

Dès le premier jour de leur installation, le singe est mort d'indigestion pour avoir mangé le perroquet. — Du 28, donné à Baptiste...

TOUS.

Ah!

MARCEL.

3 francs 10 sous. (Fermant le registre.) Il n'y a plus rien de marqué.

RODOLPHE.

Du reste, c'est clair, si ça a été longtemps comme ça. (Baptiste se lève.)

MUSETTE.

Oui, ca s'explique ; on a tout donné à Baptiste! Mais qu'est-ce qu'il fait donc de tant d'argent?

RODOLPHE.

Il a un vice secret, bien sûr!

COLLINE.

Il protége une danseuse!

MARCEL.

Allons, la situation se dessine : le tapissier n'aura pas d'à-compte, mais il faut donner notre fête superbe.

COLLINE.

A propos, il faut que vous me prêtiez une cravate blanche pour vous faire honneur.

MARCEL.

Volontiers; mais tu me prêteras ton habit noir pour que je fasse honneur à ta cravate blanche.

COLLINE.

Mon habit! pourquoi ne mets-tu pas le tien?..

MARCEL.

Il n'a qu'un pan!

COLLINE.

Oh!... étant bien brossé!.. Et puis, d'ailleurs, qu'est-ce que je mettrai, moi?

MARCEL.

Je te permets de venir en négligé.

RODOLPHE, riant.

Tu ne resteras... qu'un moment.

MARCEL.

Le temps de voir le coup d'œil.

COLLINE.

Vous êtes charmants... prêter mon habit noir! Il faut donc que je vienne en bras de chemise?

MUSETTE.

Ça ne fait rien, vous passerez pour un domestique.

RODOLPHE.

Un fidèle serviteur.

MARCEL.

Tandis que moi, tu comprends? les convenances? (Lui ôtant son habit.) Allons, fais voir un peu à ces Messieurs comme tu imites bien saint Martin.

COLLINE, se débattant.

Mais non, mais non; d'ailleurs, j'en ai besoin. Il faut que j'aille donner une leçon à un prince indien qui est venu à Paris pour apprendre l'arabe. (Il passe près de Musette. Marcel est sorti par la gauche en emportant l'habit.)

MUSETTE.

Un prince indien! A-t-il des diamants?

COLLINE.

Plein le corps... il en est grêlé.

MUSETTE.

Il faut l'apporter à notre fête.

COLLINE.

Je tâcherai.

MUSETTE.

On y mettra les bougies... il servira de lustre.

MARCEL, rentrant. Il a mis l'habit de Colline et lui donne une vieille houppelande.

Tiens, voilà un autre vêtement, c'est bien plus solennel qu'un habit. (Il l'aide à l'endosser.)

COLLINE, passant près de Musette.

Dites donc, Musette, est-ce que ça me va bien, cette enveloppe?

MUSETTE.

Parfaitement. (Elle pouffe de rire. Bas à Marcel, qui est auprès d'elle.) Il a l'air d'un cocher qui a perdu sa voiture.

MARCEL, embrassant Musette.

Ta gaieté est donc revenue? Tu m'as fait de la peine tout à l'heure.

MUSETTE, touchée.

Pauvre garçon! (A part.) Au fait, il sera toujours temps. (Elle passe à gauche.)

SCÈNE V.

LES MÊMES, SCHAUNARD; il arrive par le fond tout essoufflé.

SCHAUNARD.

Mes amis, offrez-moi un siége, que je me trouve mal. (Marcel lui donne une chaise au milieu; il s'assied.) Baptiste, un tabouret pour mes pieds. (Baptiste le lui apporte. S'étalant.) Dieu! qu'on est bien!.. Si vous saviez ce qui m'arrive... je dois être tout pâle.

BAPTISTE.

Non, Monsieur, vous êtes tout jaune.

SCHAUNARD.

Baptiste, prenez la fuite. (Baptiste sort par le fond.) Tout jaune... ça se voit déjà, c'est Phémie qui m'a teint de cette couleur.

MUSETTE.

A propos de Phémie, où donc est-elle?

SCHAUNARD.

Vous ne la verrez plus, j'ai rompu avec elle.

MUSETTE.

Rompu!

SCHAUNARD.

Oui, rompu ma canne... une canne superbe en bois des îles... le jonc et le bambou ne suffisaient plus.

RODOLPHE.

Mon pauvre Schaunard! Phémie t'a encore...

SCHAUNARD.

Toujours... c'est une habitude... Voici la chose...

TOUS.

Voyons! (Marcel s'assied sur la causeuse de droite; Musette s'assied sur le bras de la causeuse, à côté de lui; Colline se place sur le petit tabouret où Schaunard met ses pieds; Rodolphe reste debout.)

SCHAUNARD.

J'avais remarqué que les goûts belliqueux de Phémie se développaient de plus en plus; son cœur n'était plus une caserne, c'était un camp. Ce matin, comme j'entrais chez elle, je fus assailli par des soupçons; quelque chose me disait qu'il était venu de la troupe pendant mon absence; j'interroge Phémie avec mon bois des îles, et, dans la chaleur de la discussion, elle laisse tomber de sa poche une preuve de son crime. Et cette preuve, la voilà! (Il tire de sa poche un pompon d'artilleur.)

MUSETTE.

Qu'est-ce que c'est que ça?

SCHAUNARD.

C'est un pompon... il appartient à l'artillerie... Mon bois des îles prend de nouveau la parole, et Phémie m'avoue, qu'en effet, elle a reçu la visite de son parrain, soldat dans le train. Ça sent la poudre, lui dis-je, malheureuse!... Une jeune personne qui reçoit du canon dans une maison honnête, c'est scandaleux!.. En achevant ces mots, mon bois des îles se casse en deux, j'en offre les morceaux à Phémie pour souvenir de moi, et je la quitte à jamais en emportant cet ornement guerrier. Voilà ce qui fait que je n'ai plus ni Phémie ni ma canne! (Tous se lèvent et rangent les siéges.)

COLLINE.

Pauvre garçon!

RODOLPHE.

Phémie lisait trop souvent les *Victoires et Conquêtes*.

MARCEL.

Ah çà! mais, c'est donc le diable qui s'en mêle aujourd'hui. (Musette s'est assise sur la causeuse de gauche; Rodolphe est à côté d'elle, accoudé à la cheminée.)

SCHAUNARD.

Qu'est-ce qui vous arrive?

MARCEL.

Le papier timbré s'est introduit dans nos lares.

MUSETTE, riant.

Tous mes meubles sont sous le glaive de la loi.

SCHAUNARD.

Vraiment? (Avec reproche.) Aussi quelle imprudence d'avoir des meubles chez soi. Comment allez-vous faire?

MUSETTE.

C'est la besogne du hasard.

MARCEL.

Le plus embarrassant, c'est que nous n'avons pas le sou et que l'exécution du programme de notre fête réclame quatre cents francs. (Il montre un papier.)

SCHAUNARD.

Quatre cents francs! mais c'est une tranche du Pérou! (Prenant le papier et passant près du guéridon.) Donne-moi ton programme. (Il lit.) Des glaces, pour cent francs de glaces! Voilà qui est nouveau, des glaces. Je les supprime; les personnes qui en voudront, pourront en apporter. (Il efface avec son crayon.) Ça fait déjà cent francs d'économie.

MARCEL.

Reste à trois cents!

SCHAUNARD.

Que vois-je? des truffes partout, dans tout! Chevreuil, faisan, saumon, homard!... Pourquoi pas la baleine tout de suite? Ah çà! mais, c'est une arche de Noë que ton souper, on y trouve tous les animaux... (Il a écrit tout en disant ces mots.) C'est arrangé : je remplace les truffes, le homard, le faisan, etc., par une charcuterie variée, ton souper coûtera dix francs; divertissements, éclairage et rafraîchissements, dix francs. Total, vingt francs; ça se trouve vingt francs, on a bien trouvé l'Amérique.

MARCEL.

C'est ça... En chasse!

TOUS.

En chasse! (Rodolphe remonte.)

MUSETTE, se levant.

Je sors avec vous.

MARCEL.

Où vas-tu?

MUSETTE.

On m'a parlé de velours à huit francs le mètre... Il faut voir ça... (Elle met son châle et son chapeau.)

MARCEL.

Ah! très-bien!

MUSETTE.

Marcel, votre bras?

MARCEL.

En chasse!

TOUS.

En chasse!

ENSEMBLE.

Air : *Le vin, le jeu, les belles* (Robert le Diable).

Comme toujours, faisant cause commune,
Et du plaisir, hardis aventuriers,
Pour rencontrer les pas de la Fortune,
De la cité parcourons les quartiers.

(Ils sortent par le fond. Rodolphe va sortir le dernier; Baptiste, qui est entré par la gauche, le retient.)

SCÈNE VI.

BAPTISTE, RODOLPHE.

BAPTISTE.

Monsieur, un mot, s'il vous plaît!

RODOLPHE.

Que me veux-tu?

BAPTISTE.

Depuis ce matin, je guette une occasion pour vous parler en particulier. (Lui montrant des lettres.) C'est une trouvaille que j'ai faite, Monsieur.

RODOLPHE.

Des lettres?

BAPTISTE.

Oui, Monsieur... adressées à mademoiselle Mimi...

RODOLPHE.

Donne... (Il prend les lettres.)

BAPTISTE.

Je puis compter que vous ne direz pas que c'est moi qui...

RODOLPHE.

Sois tranquille. . Laisse-moi...

BAPTISTE.

Oui, Monsieur. (A part.) Ma foi, puisque M. Durandin m'a prouvé qu'il y allait de l'avenir de M. Rodolphe, la littérature m'absoudra. (Il sort par le fond.)

SCÈNE VII.

RODOLPHE, seul; il a parcouru les lettres.

Que signifient ces lettres? Des offres, des promesses, si elle veut me quitter? Pas de signature... On lui dit de m'éloigner, de m'engager à aller jeudi au bal de madame de Rouvres .. Et elle ne m'a rien dit; elle est peut-être tentée d'accepter. Oh! non, cela ne se peut pas... Et pourtant, si cette vie de privations devait la tuer? (Mimi entre par le fond.) C'est elle!.. (Il cache les lettres.)

SCÈNE VIII.

RODOLPHE, MIMI.

MIMI.

Ah! tu n'es pas sorti, tant mieux!

RODOLPHE.

Est-ce que tu as à me parler?

MIMI.

Non; j'ai à t'embrasser... (Rodolphe l'embrasse.) Je suis ennuyée...

On ne m'a pas payée au magasin... C'est la troisième fois, c'est comme un fait exprès. Madame est sortie; elle croit que j'ai des rentes.

RODOLPHE.

Ne te chagrine pas...

MIMI.

O le vilain argent!.. comme on serait heureux si on n'en avait pas besoin!

RODOLPHE.

Oui, tu as raison, c'est la source de tous les chagrins; je crains bien que Marcel ne s'en aperçoive bientôt à l'égard de Musette... Car, encore une fois, elle regrette sa vie passée.

MIMI, avec contrainte.

Oh! tu peux te tromper.

RODOLPHE.

Après ça, nous serions égoïstes si nous exigions que vous nous restiez fidèles. Dans les premiers temps, on se dit: « Patience, des jours meilleurs viendront peut-être; » mais ces jours-là sont si longs à venir, que vous vous lassez de les attendre; puis, un soir qu'on est seule, triste, maussade, assise au coin de l'âtre sans feu, l'amour s'endort, l'ambition s'éveille, et l'on entrevoit en imagination ces paradis de luxe et de plaisir où ceux qui sont riches peuvent faire entrer celles qui sont belles.

MIMI.

Pourquoi me dis-tu cela?

RODOLPHE.

Parce que c'est la vérité... L'amour est un sentiment furieux qui meurt dans une chambre où le thermomètre descend au-dessous de zéro. Ah! la pauvreté, c'est la mort de tout.

MIMI, prenant la main de Rodolphe.

Pourquoi me dis-tu cela?

RODOLPHE.

Tu m'aimes bien, Mimi?

MIMI.

Peut-on le demander!..

RODOLPHE.

Oui, aujourd'hui tu m'aimes bien, je le crois.

MIMI.

Aujourd'hui plus qu'hier, et demain plus qu'aujourd'hui, et toujours comme ça jusqu'à la fin.

RODOLPHE.

De la fin...

MIMI.

Du monde!

RODOLPHE.

Ne t'engage pas trop; qu'est-ce qui sait?

MIMI.

Tu doutes de ce que je te dis? qu'est-ce que je t'ai fait?.. (Elle tousse et va s'asseoir sur la causeuse de droite.)

RODOLPHE, à part.

Encore cette toux! (Haut.) Écoute, ma fille, tu es bonne et dévouée; mais comme je ne veux pas que tu me trompes plus tard, je ne veux pas te tromper aujourd'hui; nous allons entrer en pleine misère, et demain c'est l'hiver.

MIMI, riant.

L'hiver, le carnaval, mardi gras... (Lui tapant les joues.) nous ferons des crêpes et t'en auras.

RODOLPHE.

Musette aussi était comme toi dans les commencements; elle riait au nez de la misère et se passait bien de dîner; mais un jour est venu où elle n'a point su se passer de rubans.

MIMI.

Je ne suis pas Musette.

RODOLPHE.

Pour toi, si frêle, si délicate, notre vie est pleine de dangers... Oh! vois-tu, Mimi, je t'aime tant, que plutôt que de te voir malheureuse avec moi, j'aimerais mieux... oui, j'aimerais mieux te voir heureuse avec un autre.

MIMI.

Et c'est comme ça que tu m'aimes?

RODOLPHE.

Pardonne-moi... c'est un pressentiment... mon cœur bat comme un tocsin qui sonne l'approche d'un malheur... (Mimi tousse dans son mouchoir.) Tu souffres davantage?

MIMI, se levant.

Non... tu t'effrayes pour rien. Cet automne encore tu avais peur. Eh bien! les feuilles sont tombées.

RODOLPHE, à part.

Pas toutes...

MIMI, gaiement.

Tu vois bien, c'est des bêtises, je n'y crois pas... Et puis, d'ailleurs, si j'étais malade de la maladie qui fait mourir avec les feuilles jaunes, nous irions demeurer dans un bois de sapins... les feuilles y sont toujours vertes!

RODOLPHE, la serrant contre son cœur.

O ma chère Mimi! tu es au monde tout ce que j'aime et tout ce qui m'aime peut-être... tu es ma jeunesse et ma poésie vivante... Pourtant, je le dis encore, réfléchis, et, quoi qu'il arrive, d'avance je te pardonne... (Musique à l'orchestre.)

MIMI.

Tais-toi!.. (Elle embrasse Rodolphe; Baptiste paraît, entrant par la gauche.)

BAPTISTE, à part.

Ah! il paraît que ça n'a pas pris.

RODOLPHE.

Adieu, à bientôt! (Il sort par le fond.)

SCÈNE IX.

MIMI, BAPTISTE, puis DURANTIN.

MIMI.

Qu'a-t-il donc? et que signifient ses paroles?

BAPTISTE, à part.

Le neveu est sorti, l'oncle peut entrer. (Il va à la porte de gauche et fait un signe au dehors. Durandin paraît.)

BAPTISTE, bas, à Durandin.

Monsieur, l'histoire des lettres n'a rien produit.

DURANTIN, bas.

C'est bien, va-t'en... (Baptiste sort par le fond.)

MIMI, se retournant.

Quelqu'un!

DURANDIN.

Bonjour, Mademoiselle...

MIMI.

Monsieur...

DURANDIN.

Vous ne me connaissez pas? je vais me faire connaître... Je serai bref, nous avons peu de temps à causer, car je ne veux pas que l'on sache que je suis venu... Ainsi, vous entendez, pas un mot à mon neveu...

MIMI.

Vous êtes l'oncle de Rodolphe?

DURANDIN, s'asseyant sur la causeuse de droite.

Il y a apparence... Pourquoi n'avez-vous pas répondu à mes lettres, Mademoiselle?

MIMI.

Dame! vous voulez que je quitte Rodolphe... si vous croyez que c'est facile...

DURANDIN.

Je vous aiderai... Voyons, ne jouons pas la comédie... Combien vous faut-il?

MIMI.

Mais je ne vous demande rien.

DURANDIN.

C'est trop cher... (Il fouille dans son portefeuille.) Voulez-vous deux mille francs?

MIMI.

Deux mille francs? pourquoi faire?

DURANDIN.

Pour que vous nous laissiez tranquilles, mon neveu et moi...

MIMI.

Mais je ne le tourmente pas, Monsieur; je l'aime, voilà tout. Il ne m'a pas défendu de l'aimer...

DURANDIN.

Eh bien! moi, je vous le défends. Voulez-vous trois mille francs?..

MIMI.

Mais non.

DURANDIN.

Ça n'en vaut pas la peine, n'est-ce pas? vous aimez mieux mes cinquante mille livres de rentes? Mais vous calculez mal, Mademoiselle, car, je vous en préviens, je le déshérite, s'il vous épouse!

MIMI.

Mais il ne m'épousera pas... Je ne sais pas pourquoi vous me dites ça.. J'ai toujours travaillé, je ne demande pas mieux que de travailler toujours...

DURANDIN, tenant sa montre.

Voyons, Mademoiselle, la Bourse ferme à trois heures... Voulez-vous vous décider?

MIMI.

A quitter Rodolphe? Mais je ne veux pas, moi, tant qu'il voudra me garder.... Je ne suis heureuse que depuis que je suis avec lui...

DURANDIN.

Vous serez heureuse avec un autre... Vous êtes gentille, avec ce que je vous offre...

MIMI.

Mais je ne veux personne; est-ce que je pourrais en aimer un autre?... C'est drôle tout ce que vous me dites là, il me semble que je fais un mauvais rêve...

DURANDIN, remontant.

Passons la scène de folie.

MIMI.

Mon Dieu! pourquoi donc êtes-vous comme ça après moi? Qu'est-ce que je vous ai fait? (Elle tousse.)

DURANDIN.

Mais enfin, que diable! vous devez bien comprendre que ce n'est pas une position pour Rodolphe; il ne peut pas rester avec vous toute la vie!...

MIMI.

Toute ma vie, à moi, ça ne serait pas si long... (Elle tousse encore.)

DURANDIN.

Qu'est-ce que ça veut dire?

MIMI.

Tenez, Monsieur, laissez-le-moi un mois encore, et puis il sera libre...

DURANDIN.

Un mois... fin novembre... Vous avez un billet à payer?

MIMI.

Non, Monsieur, je n'ai pas de dettes... je n'en ai à payer qu'au bon Dieu !

DURANDIN.

Et l'échéance approche ? c'est très-sentimental... mais je ne crois pas à ces grandes phrases-là... Vous ne mourrez pas.... ce sont les honnêtes filles qui meurent...

MIMI.

C'est affreux !... vous ne devriez pas me traiter ainsi... je ne l'ai pas mérité !... (Elle pleure.)

DURANDIN, à part.

J'ai été trop loin... je n'en viendrai jamais à bout comme ça. (Haut.) Voyons, mon enfant, parlons raison ; vous me croyez le cœur dur, vous vous trompez... c'est mon affection pour Rodolphe qui m'a fait vous parler ainsi ; car c'est une question d'avenir pour lui, et puisque vous l'aimez...

MIMI.

Oh ! oui, je l'aime, allez.

DURANDIN.

Eh bien, vous devez me comprendre. Il a besoin de voir le monde, de se faire connaître...

MIMI.

Mais je ne l'en empêche pas. Si vous croyez que ça puisse lui faire du tort qu'on le voie avec moi, nous ne sortirons jamais ensemble. Il gardera tout son argent, je ne demande pas mieux. Ce que je gagne me suffira pour vivre ; je ne mange pas tant.

DURANDIN.

Non, non, nous ne nous entendons pas ; mon neveu n'accepterait pas ce traité-là. Il resterait auprès de vous et ce serait fini. Il aurait pu avoir une position, et il végétera éternellement... c'est vous qui en serez cause.

MIMI.

Mais je ne l'empêche pas de travailler.

DURANDIN.

Vous ne l'en empêchez pas... Vous croyez que les travaux d'intelligence et les travaux d'aiguille c'est la même chose. Dans une vie de tourments et de privations de toutes les heures, l'intelligence s'épuise, et l'on en vient à maudire ceux qui sont cause de...

MIMI.

Oh ! Monsieur, ne dites pas ça.

DURANDIN.

Oui, il vous maudira ; car vous aurez fait plus que de le tuer lui-même, vous aurez tué sa pensée.

MIMI, brisée.

Assez, assez, je vous en prie. Je ferai ce que vous voudrez.

DURANDIN.

A la bonne heure. Il faut qu'il cesse de vous aimer ; il ne

faut pas qu'il retrouve en vous la fille simple, résignée, mais la femme ambitieuse, exigeante.

MIMI.

Je ne saurai pas.

DURANDIN.

Il le faut... il y va du bonheur, de la vie tout entière de Rodolphe que vous dites aimer... Vous hésitez... vous ne l'aimez pas.

MIMI.

Je vous obéirai ; je tâcherai, du moins.

DURANDIN.

C'est bien, c'est bien, mon enfant ; vous ne vous en repentirez pas.

MIMI.

Oh ! vous me révoltez. Je ne veux rien, Monsieur, entendez-vous bien ? je ne veux pas qu'on me paye. Le bonheur de Rodolphe, je veux qu'il me le doive. (Elle tombe dans la causeuse de droite et pleure dans ses mains. — Baptiste entre par le fond, apportant deux candélabres allumés.)

BAPTISTE, bas à Durandin.

Monsieur, j'ai aperçu au bout de la rue M. Marcel et M. Rodolphe ; vous n'avez que tout juste le temps de reprendre le même chemin. (Il va poser les candélabres sur la cheminée.)

DURANDIN, bas.

C'est bien. (A part, à Mimi.) Au revoir, Mademoiselle ; souvenez-vous ! (A part.) Bast ! elle se consolera ! (Il sort par la porte de gauche. Baptiste le suit.)

SCÈNE X.

MIMI, seule, pleurant.

J'étais trop heureuse, ça ne pouvait pas durer. J'espérais garder mon bonheur encore quelque temps, et il faut qu'il finisse tout de suite. (Se levant.) Mais, mon Dieu ! qu'est-ce que Rodolphe va penser ? Il va me croire égoïste... et pourtant, si je fais ce qu'on me commande, c'est que je ne le suis pas ; et puis, c'est que j'ai peur qu'il ne me déteste plus tard. (On entend du bruit, Mimi essuie ses larmes. Marcel et Rodolphe entrent par le fond. Musette entre derrière eux.)

SCÈNE XI.

MIMI, MARCEL, RODOLPHE, MUSETTE.

MARCEL.

Rien !

RODOLPHE.

Rien non plus !

MARCEL.

Ce n'est pas assez.

MUSETTE, à part.

La voiture est là! (Elle ôte son châle et son chapeau et s'assied sur la causeuse de droite.)

MARCEL.

Pas le moindre divertissement à offrir à nos invités!.. Si du moins on pouvait opérer la saisie pendant la fête, ça passerait pour une surprise!

RODOLPHE.

Heureusement, comme dit Schaunard, il nous reste la plus franche cordialité.

MARCEL.

Oui; il nous faudra déployer beaucoup de verve et d'esprit... Musette, nous comptons sur toi; tu remplaceras les rafraîchissements.

MUSETTE, sèchement et se levant.

Oh! impossible, mon cher; moi, je n'ai d'esprit qu'au champagne. (Elle remonte.)

MARCEL.

Musette, tu te calomnies; nous te connaissons, nous connaissons aussi Mimi, nous savons que vous n'avez jamais plus de dévouement que dans l'adversité.

RODOLPHE, à Mimi.

Marcel a raison, n'est-ce pas? Qu'est-ce que tu as donc?

MIMI, à part.

Voyons, il le faut.

RODOLPHE, bas.

Penses-tu donc à ce que je t'ai dit?

MIMI, avec effort.

Oui; et je pense que tu négliges trop des connaissances qui pourraient nous être utiles.

RODOLPHE, étonné.

Ah!

MIMI, à part.

Du courage!

RODOLPHE.

Je croyais te faire plaisir, je ne voulais pas te laisser seule... Ainsi j'ai reçu une invitation pour jeudi prochain, et...

MIMI, vivement.

Il faut y aller.

RODOLPHE, à part.

Ah! mon Dieu! (Haut.) Tu me le conseilles?

MIMI, froidement.

Oui.

MARCEL.

Du reste, tout espoir n'est pas perdu; Schaunard va revenir Allons, Musette, il est temps de songer à votre toilette.

MUSETTE.

Je suis tout habillée.

MARCEL.

Comment ! tu vas te présenter devant le critique influent avec un vêtement de cette simplicité ?

MUSETTE.

Qu'est-ce que tu veux donc que je mette ? Prête-moi un pantalon !

MARCEL.

Il me semble avoir ouï parler d'une certaine robe qui faisait encore ressortir l'éclat de votre satin naturel.

MUSETTE.

Ma robe de velours noir ? Ah bien ! elle est loin. Vous êtes étonnants, vous autres.

MARCEL.

Mais...

MUSETTE.

Tu croyais donc qu'elle avait été bâtie par les Romins ?

RODOLPHE.

Et toi, Mimi, que veux-tu mettre ?

MIMI.

La même chose... comme toujours.

RODOLPHE.

Ce n'est pas ma faute, Mimi. (Mimi se détourne pour cacher ses larmes.)

MUSETTE.

Eh ! mon Dieu ! on ne vous en veut pas, mais c'est ennuyeux.

MARCEL.

Musette, est-ce que tu vas avoir un accès de grandeur ?

MUSETTE.

C'est vrai, ça, c'est révoltant... Je viens de rencontrer Marguerite... une fille laide comme les sept péchés, et maigre comme un vendredi ; eh bien ! elle mène un train de duchesse. (Elle passe à droite et s'assied sur le canapé.)

RODOLPHE, à Mimi.

Mimi !... est-ce que toi aussi tu as rencontré Marguerite ?

MIMI, avec effort.

Oui.

RODOLPHE, après un mouvement.

Mimi... (Lui prenant la main.) quoi qu'il arrive, je te pardonne... tu sais ?

MIMI, sanglotant, à part.

O mon Dieu ! mon Dieu ! (Elle s'assied sur la causeuse de gauche.)

RODOLPHE, bas à Marcel.

Donnons-nous la main, mon ami.

MARCEL.

Oui, ça couvait depuis hier. . ça va éclore !

RODOLPHE.

Je le disais bien, leur amour ressemble aux hirondelles... il s'envole quand viennent les premiers froids.

MARCEL.

Ainsi soit-il.

SCÈNE XII.

LES MÊMES, SCHAUNARD. Il entre par le fond avec précaution.

SCHAUNARD, à part.

Jouissons de leur surprise. (Il laisse tomber une pièce de cinq francs à terre. — Personne ne bouge. — Étonné.) Ils n'ont pas entendu. (Il en jette une seconde, même immobilité. — Effrayé.) Ils sont pétrifiés ! (Il descend entre Rodolphe et Marcel, et jette une pièce devant chacun d'eux.)

RODOLPHE, sortant de sa rêverie.

Ah ! c'est toi ?

MARCEL, de même avec indifférence.

Tu as trouvé ?

SCHAUNARD, avec reproche.

Et voilà tout ?... c'est ainsi que vous recevez... (Ramassant les pièces.) ces nobles étrangères?

RODOLPHE.

Nous sommes tristes.

SCHAUNARD.

Qu'est-ce qui est mort ici ?

MARCEL, bas.

L'amour de Musette.

RODOLPHE, de même.

L'amour de Mimi.

SCHAUNARD.

Ah bah ! nous sommes tous mortels... Enfin, la fête n'aura pas lieu ? (Marcel fait signe que non.) Mais, sacristi ! vos invités vont arriver, voici l'heure ; et après les brillantes promesses que vous avez faites... vous serez perdus de réputation. (Se frappant le front.) Ah ! il n'y a qu'un moyen... du fusin... (Il court à la console et prend un morceau de fusin.)

MARCEL.

Que veux-tu faire ?...

SCHAUNARD.

Je te sauve l'honneur. (Il ouvre la porte, et écrit sur un battant en dehors.)

BAPTISTE, entrant par une petite porte dérobée, à droite, au premier plan, et s'approchant de Musette, qui semble indécise. — Bas.

La voiture va partir.

MUSETTE, bas.

Qu'elle attende encore. (Baptiste sort. A part.) Pauvre Marcel !.. Ah bah ! je lui porterais peut-être malheur !... (Elle sort par la porte dérobée, sans être vue.)

RODOLPHE, allant près de Marcel.

Viens-tu jeudi chez madame de Rouvres ?

MARCEL.

Qu'y fait-on ?

RODOLPHE, regardant Mimi, qui est restée rêveuse. — A mi-voix.

On oublie !

SCHAUNARD, qui est venu prendre deux bougies dans les candélabres, et les a collées sur la porte en dehors, ouvrant les deux battants.

Voilà.. (Lisant ce qu'il a écrit en grandes lettres noires.) «Relâche pour cause de divorce.» (Cette inscription se trouve entre les deux bougies qui l'éclairent. — On entend un grand bruit qui se rapproche. — Fermant la porte.) On monte... Ce sont eux... silence !... (Le bruit a cessé dans l'escalier.)

UNE VOIX, en dehors.

Relâche pour cause de divorce !... (A ces mots on entend un cri général de désappointement.)

SCHAUNARD.

C'est la voix du critique influent !... nous sommes fichus.

ACTE QUATRIÈME

Chez madame de Rouvres

Un salon riche, éclairé par un lustre et quelques candélabres. — Porte au fond, donnant sur un autre salon éclairé par des girandoles. — Deux portes à droite. — A gauche, une porte au premier plan, une fenêtre au second. — Deux canapés à droite et à gauche. — A côté de celui de gauche, un guéridon sur lequel il y a une sonnette. — Fauteuils. — Deux consoles chargées de vases, etc. — Sur celle de droite est un riche album. — Au lever du rideau, on entend la musique du bal.

—

SCÈNE PREMIÈRE

COLLINE, SCHAUNARD. Ils entrent chacun d'un côté.

SCHAUNARD, entrant par le fond.

Tiens! Colline dans le monde!

COLLINE, entrant par le deuxième plan à droite.

Tiens! Schaunard déguisé en homme bien mis!

SCHAUNARD.

Madame de Rouvres m'a prié de tenir le piano, et par amitié pour Rodolphe .. Mais du reste c'est la dernière fois; ça m'ennuie d'aller dans le monde... ça entraine dans des dépenses!... Je suis venu en omnibus.

COLLINE.

Tu as fait un tour dans les salons... que dis-tu de cette fête?...

SCHAUNARD.

Ça manque de punch... Comment es-tu venu ici?

COLLINE.

Je suis venu par les quais (Il tire un livre de sa poche.)

SCHAUNARD.

As-tu vu Rodolphe?

COLLINE.

Où cela?

SCHAUNARD.

Ici... il doit y venir... Il est en retard... mais je comprends... ils se sont oubliés... Rodolphe est allé dîner avec Marcel au café Anglais.

COLLINE.

Allons donc!

SCHAUNARD.

C'est l'oncle qui est l'amphitryon.

COLLINE.

Monsieur Durandin!.. je marche sur la corde raide de la surprise.

SCHAUNARD.

Mais tu ne sais donc rien ?... Rodolphe est maintenant au mieux avec son oncle, et une feuille ordinairement bien informée annonce son mariage avec madame de Rouvres comme très-prochain.

COLLINE.

Te railles-tu de la philosophie ?

SCHAUNARD, le prenant sous le bras et se promenant avec lui.

Pas le moindrement... Voici l'anecdote.... elle est triste comme tout... Le divorce a été mis à exécution ; Musette s'est sauvée par le trou de la serrure, et Rodolphe a quitté Mimi... J'ai été chargé d'apprendre la nouvelle à la petite... et comme elle est toujours souffrante, elle s'est trouvée mal... ça m'a attendri... Je l'ai plantée là.

COLLINE.

Mais c'est donc une débâcle d'amour ?

SCHAUNARD.

Musette est fiancée à un lord de première classe... je l'ai rencontrée l'autre jour aux Champs-Élysées dans un équipage superbe, à côté de son Anglais. C'est un homme bien élevé... il m'a invité à dîner... ils sont proprement logés.

COLLINE.

Et Rodolphe ?

SCHAUNARD.

Son oncle jette l'argent à plusieurs mains pour le distraire. Rodolphe partage tout avec Marcel, et depuis deux jours ce sont des lions superbes ; ils ressemblent à des gravures de modes. Ils font comme moi, ils cherchent à griser leur amour. Oh ! Phémie ! (Baptiste, en grande livrée et portant un plateau, entre par le fond.)

SCÈNE II.

LES MÊMES, BAPTISTE.

SCHAUNARD, à Baptiste.

Qu'est-ce que c'est que ça ?

BAPTISTE.

Des glaces, Monsieur.

SCHAUNARD.

Et le punch ?

BAPTISTE.

Je n'en ai plus, Monsieur.... ces dames ont tout pris.

SCHAUNARD.

Tiens, c'est Baptiste !

BAPTISTE.

Hélas ! oui, Monsieur. (Colline lui donne une poignée de main.)

SCHAUNARD.

Baptiste avec une livrée ! ah ! fi !

BAPTISTE.

Monsieur, j'ai eu de l'ambition, j'en suis bien puni... La vie est insupportable ici... Tout est convenu et arrangé d'avance : on déjeune tous les matins et on dîne tous les soirs... je ne pourrai jamais m'habituer à ce régime-là.

SCHAUNARD.

Reviens avec nous alors... ça te changera.

BAPTISTE.

J'y rêve, Monsieur ; mais je voudrais y rentrer avec des titres à votre estime ; car j'ai eu des torts, Monsieur... vous les connaîtrez tôt ou tard.

SCHAUNARD.

Je te les pardonne à une simple condition... va me chercher du punch.

BAPTISTE.

On va en composer, Monsieur ; mais en attendant, si vous vouliez une glace ? C'est aussi échauffant, je l'ai lu dans l'école de Salerne. (Il remonte.)

COLLINE, au fond.

Qu'est-ce qui arrive là ? Eh ! c'est Rodolphe et Marcel.

SCHAUNARD, à part.

Je ne veux pas qu'ils me reconnaissent... je vais mettre des gants. (Il en met un.)

SCÈNE III.

LES MÊMES, MARCEL, RODOLPHE, très-élégants, le lorgnon à l'œil ; ils entrent par le fond. Après leur entrée, Baptiste sort.

MARCEL.

Entrons-nous ?

RODOLPHE.

Tout à l'heure ; je craindrais de n'être point assez gentilhomme vieux Sèvres.

MARCEL.

Colline !

RODOLPHE.

Schaunard ! (Il leur donne une poignée de main.)

SCHAUNARD, à part.

Je suis reconnu... je puis ôter mon masque. (Il ôte son gant.)

COLLINE, les contemplant.

Le portrait n'était pas flatté... cette toilette est très-habitable.

MARCEL.

Oui ; nous avons fait quelques réparations locatives.

RODOLPHE, remettant son lorgnon dans l'œil.

Nous nous sommes fait poser des carreaux.

COLLINE.

Le bruit court à la Bourse que vous avez dîné au café Anglais ; on croit à un cataclysme, et l'on se dépêche de vendre.

MARCEL.

Allons, M. Durandin fait convenablement les choses.

RODOLPHE.

Ma foi, oui ; on est très-bien dans cette taverne ; on peut dîner pour quinze francs.

SCHAUNARD.

Combien de fois ?

MARCEL.

Une seule... sans le vin.

SCHAUNARD.

Sans le vin !

RODOLPHE.

Nous y retournerons, n'est-ce pas, Marcel ?

MARCEL.

Nos moyens nous le permettent. (Il frappe sur son gousset.)

SCHAUNARD.

Si nous y retournions tout de suite?

RODOLPHE.

Nous y souperons, si vous voulez, en sortant d'ici.

COLLINE.

Nous souperons donc deux fois ?

SCHAUNARD.

Je n'y vois pas d'inconvénient... D'ailleurs, ce sera un déjeuner, car il va être tout à l'heure demain matin.

RODOLPHE.

Eh bien ! c'est convenu.

SCHAUNARD.

Ce n'est pas une plaisanterie ?... tu as des valeurs officielles et ayant cours ?..

MARCEL.

Il est cousu d'or.

SCHAUNARD.

Il faudra le découdre... Je demande à voir comment c'est fait. (Il prend quelques pièces d'or dans le gilet de Rodolphe.) Que c'est donc joli, ces médailles ! Dire qu'il y a un pays où c'est des cailloux !... J'ai eu un parent qui en avait beaucoup ramassé ; mais il a été enterré dans le ventre des sauvages... Ça a fait bien du tort à la famille. (A Rodolphe, en remontant.) Je te devrai ça. J'ai rencontré un Russe dans un des salons de jeu... Je vais venger la Pologne ! (Il salue M. Durandin, qu'il rencontre en sortant par le fond.)

SCÈNE IV.

RODOLPHE, MARCEL, COLLINE, DURANDIN, UN DOMESTIQUE.

DURANDIN, entrant par le fond avec un domestique.

Vous disposerez tout ici. (Le domestique sort par la gauche.)

MARCEL.

Eh ! c'est ce bon monsieur Durandin !

DURANDIN, descendant.

Messieurs...

MARCEL.

Monsieur Durandin, permettez-moi de vous présenter monsieur Colline, un de nos amis. (Colline passe près de Durandin.)

DURANDIN, à Colline.

Touchez là, Monsieur, je vous prie. (Colline, interdit, cherche quelques paroles, et, n'en trouvant pas, se contente de saluer gauchement. — A Rodolphe.) Madame de Rouvres va se rendre dans ce salon avec quelques intimes... Nous allons prendre le thé ici, en petit comité... Si tu le veux, tu vas faire mourir de jalousie tous ses adorateurs... Madame de Rouvres ne demande pas mieux.

RODOLPHE.

Moi, je ne désire la mort de personne, mon oncle.

DURANDIN.

Ah ! dis-moi : connais-tu la valse ?...

RODOLPHE.

Oui... de réputation.

MARCEL, passant à Durandin.

La valse est le pas de charge de l'amour. (Il remonte.)

COLLINE.

Quelle heureuse définition !

DURANDIN, à Rodolphe.

Tu inviteras madame de Rouvres... elle t'adore.

RODOLPHE.

C'est convenu.

MARCEL, bas, à Rodolphe.

Mais tu n'as jamais valsé !

RODOLPHE.

Ça ne fait rien... J'inventerai un pas, et je l'appellerai le pas des regrets.

DURANDIN.

Ah çà ! est-ce que tu penserais encore à...

RODOLPHE.

A Mimi ?... ah ! par exemple ! je ne me souviens même pas de son nom.

DURANDIN.

A la bonne heure !... On se dirige de ce côté... sois aimable.

RODOLPHE.

Je tâcherai, mon oncle. (Durandin remonte avec Colline. Rodolphe et Marcel regardent en dehors, à droite, deuxième plan. — A Marcel.) Ah! vois donc cette jeune femme qui a des roses dans les cheveux...

MARCEL.

Justement c'est celle que je regardais.

RODOLPHE.

Ne trouves-tu pas qu'elle ressemble à Mimi?

MARCEL.

Non... je trouve qu'elle ressemble à Musette.

SCÈNE V.

LES MÊMES, MADAME DE ROUVRES, donnant le bras à UN MONSIEUR; quelques INVITÉS, DOMESTIQUES servant le thé, puis SCHAUNARD. — Musique à l'orchestre; entrée par le fond, les domestiques par la gauche.)

LE MONSIEUR, en entrant, à madame de Rouvres.

Madame, la musique m'a toujours paru quelque chose de fabuleux... j'aurais beaucoup aimé être musicien. (Rodolphe s'est approché de madame de Rouvres; il la salue.)

MADAME DE ROUVRES, à Rodolphe.

Vous venez bien tard, Monsieur.

RODOLPHE.

Madame! (Madame de Rouvres s'est assise sur le canapé de gauche avec une dame, près du guéridon. Rodolphe est près d'elle et lui parle bas. — Durandin, Colline et Marcel se sont mêlés au groupe des invités. — On sert le thé.)

MADAME DE ROUVRES, à Rodolphe.

Si j'ai réuni quelques privilégiés ici, c'est pour vous entendre.

RODOLPHE.

Comment, Madame?

MADAME DE ROUVRES.

C'est un piége, Monsieur... Le poëte m'a fait hier une promesse, et je me propose de la lui rappeler.

RODOLPHE.

Je ne comprends pas, Madame.

MADAME DE ROUVRES.

Vous êtes bien oublieux, Monsieur. (Ils continuent bas.)

LE MONSIEUR, qui causait avec Colline.

Comment, Monsieur, vous savez le chinois!... s'est fabuleux... j'aurais beaucoup aimé savoir le chinois.

COLLINE.

Je vous l'apprendrai.

DURANDIN, apportant du thé à madame du Rouvres.

Madame, voulez-vous me permettre?..

MADAME DE ROUVRES, prenant la tasse.

Monsieur Durandin, n'est-ce pas que votre neveu me doit quelque chose?

DURANDIN.

Comment donc, Madame... mais il vous doit beaucoup... et, si vous le voulez, il vous devra bien davantage.

MADAME DE ROUVRES, à Durandin.

J'accepte le madrigal... (A Rodolphe.) mais je ne vous tiens pas quitte du sonnet.

DURANDIN.

Ah! oui... un sonnet... je me souviens. (Madame de Rouvres fait un signe à Baptiste, qui lui apporte un album.)

MADAME DE ROUVRES.

Voyons, Monsieur... cela nous fait tant de plaisir, et vous coûte si peu!

RODOLPHE, se défendant.

Madame... de grâce...

DURANDIN.

Nous ne t'écoutons pas.

UNE DAME.

Nous écoutons, au contraire.

MADAME DE ROUVRES.

Vous ne pouvez plus reculer. (Les domestiques ont préparé le guéridon avec deux fauteuils.)

MARCEL, à Rodolphe, en riant.

Allons, monsieur le poëte!

RODOLPHE, bas.

Comment! tu te mêles aussi à mes ennemis?

MARCEL.

Certainement... il ne faut pas laisser refroidir l'enthousiasme.

RODOLPHE, bas.

Ah! c'est comme ça!... Eh bien! attends... (A madame de Rouvres.) Madame, vos désirs sont des ordres pour moi... et voilà monsieur Marcel, un de nos premiers crayons, qui réclame avec empressement une feuille de votre album.

MARCEL, le poussant, bas.

Qu'est-ce que tu dis donc?

MADAME DE ROUVRES.

Ah! Monsieur... je n'osais pas vous le demander. (Schaunard est entré tout doucement et vient s'asseoir sur le canapé de droite, où il prend du thé.)

MARCEL.

Madame...

DURANDIN.

Bravo! bravo!...

MARCEL, bas à Rodolphe.

Que le diable t'emporte!

LE MONSIEUR, à Marcel.

Vous me ferez mon profil...

MARCEL.

Vous ne savez pas dessiner?

LE MONSIEUR.

Non... mais je l'aurais bien aimé.

MARCEL.

J'en étais sûr. (Il lui tourne le dos.)

DURANDIN.

Baptiste! des plumes, de l'encre...

RODOLPHE, riant.

Et des crayons!.. (Baptiste remonte et va prendre ce qu'on demande sur la console de droite.)

MADAME DE ROUVRES, à Marcel et à Rodolphe.

Pardonnez-nous, Messieurs... mais, vous le savez, c'est la mode à Paris.

RODOLPHE.

Oui, c'est vrai... Au Bengale, on trouve des tigres... dans l'Atlas, des lions... dans les marais du Nil, des caïmans... et au milieu de Paris, couché sur la molle ottomane des boudoirs tendus de rose, il existe quelque chose de plus redoutable que les monstres du désert et de l'onde...

MADAME DE ROUVRES, riant et lui donnant l'album.

C'est l'album!

BAPTISTE, apportant les plumes qu'il pose sur le guéridon. Bas, à Rodolphe.

Voilà les instruments de torture.

TOUS.

Écoutons. (On se presse pour entendre Rodolphe, qui s'assied d'un côté du guéridon.)

MARCEL, s'asseyant de l'autre côté, à part.

Je suis fâché d'être venu. (Durandin a donné une plume à Rodolphe, et offre un crayon à Marcel.) Bien obligé!..

SCHAUNARD, à part, se levant.

Oh! le supplice de l'album va commencer... je vais fumer une pipe dans la cour. (Il remonte et s'esquive par la porte de gauche.)

MARCEL, à part.

Ah!.. elle veut un dessin! je tiens mon sujet... (Il dessine sur une feuille, tandis que Rodolphe écrit sur l'autre. Musique à l'orchestre.)

RODOLPHE, écrivant.

Voulant mettre une étoile à son bandeau, la reine
Fait venir un plongeur et lui dit : Vous irez
Dans le palais humide où chante la sirène,
Cueillir la perle blonde et me l'apporterez.

Le plongeur, descendu sous le flot qui l'entraîne,
Parmi le sable d'or et les coraux pourprés,
Cueille la perle blonde, et, pour sa souveraine,
La rapporte captive en des étuis nacrés.

DURANDIN, bas à Marcel, dont il regardait le dessin.

Que faites-vous donc, Monsieur?

MARCEL.

Ah! vous m'avez poussé! (Il continue à dessiner.)

RODOLPHE, continuant à écrire.

Le poëte ressemble à ce plongeur, Madame,
Et si votre caprice en souriant réclame
Un vers qui doit partout dire votre beauté...

Esclave obéissant, au fond de sa pensée,
Écrin où dans l'amour la rime est enchâssée,
Il plonge et va chercher le joyau souhaité.

TOUS.

Bravo!.. bravo!..

LE MONSIEUR.

Ça rime très-bien d'un bout à l'autre... c'est fabuleux!..

MADAME DE ROUVRES, se levant et serrant la main de Rodolphe. Bas.

Merci, mon poëte!.. (Rodolphe se lève.)

MARCEL, se levant.

Voilà qui est fini! (Tout le monde s'est levé.)

MADAME DE ROUVRES.

Voyons votre dessin, monsieur Marcel? (Marcel donne l'album à Madame de Rouvres et se lève.)

DURANDIN, bas, à Marcel.

Êtes-vous fou, Monsieur?

MARCEL.

Pourquoi ça?

MADAME DE ROUVRES.

C'est fort joli!.. Quel est ce portrait?

MARCEL.

Un souvenir.

LA DAME.

Ah!.. voyons!.. (Elle vient près de madame de Rouvres et regarde. Rodolphe s'est approché aussi, et il fait un mouvement de surprise.)

MADAME DE ROUVRES, à Rodolphe.

Qu'avez-vous donc?

RODOLPHE.

Rien, Madame. (Il s'éloigne d'un pas. Bas, à Marcel.) Le portrait de Mimi..

MARCEL, bas.

Sur l'album de madame de Rouvres... c'est drôle, n'est-ce pas?

MADAME DE ROUVRES, qui a regardé Rodolphe avec défiance, à part.

Il s'est troublé! (Bas à Durandin.) C'est le portrait de cette fille, n'est-ce pas?..

DURANDIN, embarrassé.

Mais... pardonnez-moi...

MADAME DE ROUVRES, bas.

J'en suis sûre. (Elle regarde le dessin en rêvant. Valse à l'orchestre. Durandin remonte près des autres.)

LE MONSIEUR, à Marcel, qui s'est assis sur le canapé de droite.

Comment appelez-vous cette chose que ce Monsieur vient de réciter?

MARCEL.

C'est un sonnet.

LE MONSIEUR.

Ah!.. c'est un sonnet... il est fort joli! mais il n'est pas assez long.

MARCEL, étonné.

C'est un sonnet...

LE MONSIEUR.

J'entends... mais je dis : Il n'est pas tout à fait assez long...

MADAME DE ROUVRES, à part.

Oh! je saurai s'il l'aime encore!

RODOLPHE, qui s'est approché.

Madame, vous paraissez souffrir.

MADAME DE ROUVRES, émue.

Oui... la chaleur... (Rodolphe lui offre son bras et la conduit à la fenêtre, qu'il ouvre.)

LE MONSIEUR, à Marcel.

Ah! Monsieur! j'aurais beaucoup aimé faire de la poésie. (Il fait une pirouette et remonte.)

MARCEL.

Ouf!..

MADAME DE ROUVRES, qui regarde au dehors.

Ah! (A Rodolphe.) Veuillez me préparer encore un peu de thé. (Rodolphe s'éloigne un peu d'elle et va à la console de gauche. A part.) Je ne me trompe pas... c'est elle avec M. Schaunard.

RODOLPHE, à madame de Rouvres, tout en préparant une tasse de thé.

Vous trouvez-vous mieux, Madame?

MADAME DE ROUVRES, très-troublée.

Oui... oui, Monsieur... beaucoup mieux... (Se penchant davantage en dehors de la croisée. A part.) Ils parlent à une femme de chambre... Celle-ci leur indique l'escalier de service... Ils viennent!.. Cette fille chez moi!.. Ah! c'est trop d'audace!... elle la payera cher!.. (Rodolphe s'approche d'elle; elle s'éloigne vivement de la fenêtre.) Merci, Monsieur, c'est inutile... Mais la valse commence... et vous m'avez engagée... je crois... (Elle passe à droite.)

RODOLPHE.

Je suis à vos ordres, Madame... (Il remet la tasse sur la console.)

MADAME DE ROUVRES, allant rapidement à Durandin, bas.

Emmenez tout le monde.

DURANDIN.

Oui, Madame. (A part.) Je ne comprends pas... (Il remonte.)

MARCEL, se levant, à Rodolphe, qui est venu près de lui.

Je vais à la bouillotte... Tu me relèveras dans un quart d'heure. (Il sort par le fond.)

DURANDIN, au fond.

Allons, Messieurs, le salon vous réclame... l'orchestre commande, il faut obéir. (Durandin offre son bras à une dame et sort le premier. Tout le monde le suit. Rodolphe et madame de Rouvres sortent les derniers.)

MADAME DE ROUVRES, en sortant et en regardant la porte de gauche, par où doit entrer Mimi, à part.

Mademoiselle Mimi... à tout à l'heure!..

SCÈNE VI.

BAPTISTE, rangeant la table au fond; SCHAUNARD, puis MIMI.

SCHAUNARD, entrant le premier par la gauche et parlant à la cantonade.

Il n'y a personne... entrez!.. (Mimi paraît.) Quel enfantillage! Rester dans la cour de l'hôtel par un froid pareil!..

BAPTISTE, avec surprise, à part.

Mademoiselle Mimi ici!.. ma victime!..

SCHAUNARD, à Mimi.

Asseyez-vous. (Il va regarder au fond.)

MIMI, s'asseyant sur le canapé de droite.

Mais si on venait?..

BAPTISTE.

Il n'y a pas de danger.

MIMI, vivement.

Où est Rodolphe?

BAPTISTE.

Où?... il valse avec madame de... (Schaunard le pousse. Se reprenant.) Non... il ne valse pas avec madame de Rouvres... Comme vous avez froid!.. Voulez-vous que j'aille vous chercher un bouillon?..

MIMI.

Mon bon Baptiste!

BAPTISTE, à part et gagnant la gauche.

Elle m'appelle son bon Baptiste... c'est affreux!.. (Haut. Il ouvre la porte de gauche.) Je reviens tout de suite. (Il sort vivement.)

SCÈNE VII.

MIMI, SCHAUNARD.

SCHAUNARD.

Vous sentez-vous mieux?

MIMI.

Pas trop...

SCHAUNARD.

Oh! ça ne sera rien... ça ne sera... (A part.) Je ne sais pas consoler les femmes. (Haut.) Voyons, Mimi, ne pleurez pas comme ça.

MIMI, l'arrêtant.

Non, non... décidément je n'ose pas... Si on le voyait avec moi, ça le contrarierait peut-être, et il ne m'aimerait plus du tout!..Ne lui dites pas que je suis là... je suis superstitieuse, vous savez... eh bien! si le hasard l'amène, je croirai que le bon Dieu veut nous raccommoder... ne lui dites rien.

SCHAUNARD.

Dame! si ça vous va mieux... mais si on vous voit?..

MIMI.

On me verra.

SCHAUNARD.

Alors, je vous quitte... Il y a longtemps que je n'ai paru au buffet, je crains que mon absence soit remarquée. Adieu, Mimi... ça s'arrangera, allez!

MIMI.

Vous croyez?..

SCHAUNARD, à part.

Je suis bête avec les femmes!.. (Il se dirige vers la deuxième porte de droite.)

MIMI.

Et Phémie?..

SCHAUNARD, près de sortir.

Phémie!.. elle est dans la cavalerie. (Il sort.)

SCÈNE VIII.

BAPTISTE, MIMI.

BAPTISTE, rentrant par la gauche avec une assiette qu'il pose sur le guéridon.

Il n'y a plus de consommé... mais voici une charlotte... Ah! mademoiselle Mimi, consolez-vous, allez... bientôt vous serez heureuse...

MIMI.

Comment?..

BAPTISTE.

Laissez-moi faire... d'abord je vais apprendre à M. Rodolphe que vous êtes ici. (Mouvement de Mimi.) Ne craignez rien... je n'ai qu'un mot à lui dire pour qu'il tombe à vos pieds.

MIMI.

Est-il possible?

BAPTISTE.

J'en suis sûr.

MIMI.

Oh! que je suis heureuse!.. mon cœur bat à m'étouffer.

BAPTISTE.

Calmez-vous... voulez-vous un verre d'eau?

MIMI.

Oui, pour mes yeux... Est-ce qu'on voit encore que j'ai pleuré?..

MIMI.

Ça me fait du bien... Il ne m'aime plus, n'est-ce pas? Vous m'avez dit de sa part qu'il avait la preuve que je le trompais... que j'avais assez de la vie avec lui?.. Qu'est-ce qui lui a fait croire ça, hein?

SCHAUNARD.

Dame! vous ne vouliez pas porter de chapeau de paille en hiver.

MIMI, se levant et passant à gauche.

Oh! oui, je sais... des bêtises... mais tout ça c'était des prétextes. Oh! si je pouvais lui parler... Mais non, en quittant toutes ces belles dames il me trouverait laide... Est-ce que j'ai les yeux rouges?

SCHAUNARD.

Mais, dame!.. pas mal comme ça.

MIMI.

J'ai tant pleuré!.. je l'ai attendu deux jours et deux nuits... Enfin, aujourd'hui j'ai appris qu'il allait au bal chez madame de Rouvres... je n'y ai pas tenu... il a fallu que je vienne... Si je ne le vois pas, vous le verrez, vous, dites-lui bien que je n'ai rien fait... qu'il ne me reprenne pas, s'il ne veut pas; mais qu'il ne croie pas que je l'ai trompé!.. Je sais bien qu'il ne peut pas rester avec moi toujours... on me l'a dit.. j'ai compris ça... je voulais bien le quitter pour son bonheur... Mais qu'il me croie coupable... oh! je ne le veux pas!

SCHAUNARD.

Vous lui direz tout ça vous-même; je vais le chercher.

BAPTISTE.

Mais, oui... Tenez, là vous trouverez tout ce qu'il faut. (Il va ouvrir la première porte à droite.)

MIMI.

Y a-t-il un miroir?

BAPTISTE.

Il y en a deux... Allez... pendant ce temps-là je chercherai M. Rodolphe et je vous l'amènerai.

MIMI.

C'est ça... hâtez-vous. (Elle entre dans le cabinet à droite.)

SCÈNE IX.

BAPTISTE, puis MIMI, ensuite MADAME DE ROUVRES et RODOLPHE.

BAPTISTE, seul.

Le moment est venu d'exécuter mon projet... c'est Calas et M. de Voltaire qui me l'ont suggéré... Je veux réhabiliter cette enfant. (Il va pour sortir par le fond. Regardant au dehors.) Ah! mon Dieu! quel contre-temps! M. Rodolphe et madame de Rouvres qui se dirigent de ce côté. (Courant à la première porte de droite et frappant.) Mademoiselle!.. Mademoiselle!..

MIMI, ouvrant la porte et entrant.

Quoi donc?..

BAPTISTE, très-troublé et regardant toujours vers le fond.

J'ai réfléchi. Vous ferez mieux d'attendre M. Rodolphe en bas... c'est bien plus ingénieux.

MIMI.

Vous me cachez quelque chose... (Elle remonte malgré Baptiste.) Ah! je comprends!.. madame de Rouvres et Rodolphe.

BAPTISTE.

Ils vont venir dans ce salon.

MIMI.

C'est bien. (Elle rouvre la porte de droite.)

BAPTISTE.

Mais...

MIMI, avec calme.

Je veux rester. (Elle rentre.)

BAPTISTE, à part.

Mais, mon Dieu!.. elle va entendre... (Madame de Rouvres entre par le fond, au bras de Rodolphe; Baptiste referme la porte à droite.)

MADAME DE ROUVRES, à part.

Elle est là!..

BAPTISTE, à part.

Il faut que je prévienne M. Rodolphe... Comment faire?... (Il cherche à s'approcher de Rodolphe.)

MADAME DE ROUVRES, le devinant.

Laissez-nous.

BAPTISTE, même jeu.

Pardon, Madame... c'est que... (Il passe à gauche.)

MADAME DE ROUVRES, impérativement.

Sortez donc!..

BAPTISTE, à part.

Qu'est-ce que ça va devenir? (Il sort par la gauche, et emporte l'assiette qu'il avait apportée.)

SCÈNE X.

MADAME DE ROUVRES, RODOLPHE.

MADAME DE ROUVRES, à Rodolphe, en le conduisant vers le guéridon où se trouve l'album.

Monsieur Rodolphe, vous allez savoir pourquoi je vous ai amené dans ce salon. (Lui montrant le dessin de Marcel.) Quelle est cette femme?

RODOLPHE, souriant.

Vous le savez aussi bien que moi, Madame, puisque vous me le demandez.

MADAME DE ROUVRES.

Ceci est subtil, mais c'est vrai... Soyez donc franc jusqu'au bout... Dites-moi... est-ce que c'est arrivé votre histoire avec cette petite... comment donc?.. Mimi, je crois?..

RODOLPHE.

Mimi... Oui, Madame.

MADAME DE ROUVRES.

C'est historique?

RODOLPHE.

Comme Charlemagne.

MADAME DE ROUVRES.

Vous l'aimiez?

RODOLPHE.

Madame...

MADAME DE ROUVRES.

L'aimiez-vous?

RODOLPHE.

On le disait.

MADAME DE ROUVRES, après un moment de dépit.

Elle est jolie?

RODOLPHE, embarrassé.

Très-jolie!.. Mais désirez-vous vous asseoir, Madame? (Il veut la conduire sur le canapé de gauche.)

MADAME DE ROUVRES, vivement.

Merci!.. Elle a des yeux bleus?

RODOLPHE.

Non, Madame, noirs.

MADAME DE ROUVRES.

Bien grands?

RODOLPHE.

Des yeux tout autour de la tête!

MADAME DE ROUVRES.

Vous m'impatientez!

RODOLPHE, lui prenant les mains qu'il admire.

C'est toujours Pradier qui vous fournit vos mains, Madame?

MADAME DE ROUVRES.

Vous les trouvez jolies?.. Plus jolies que celles de mademoiselle Mimi?

RODOLPHE.

Les siennes étaient moins bien mises.

MADAME DE ROUVRES, ironique.

Point gantées?

RODOLPHE.

Pardon, Madame, gantées... de baisers. (Il baise les mains de madame de Rouvres.)

MADAME DE ROUVRES, avec dépit et retirant ses mains.

J'ai mes fournisseurs. (Rodolphe sourit.—Avec coquetterie.) Voyons, Rodolphe... Aimez-vous encore mademoiselle Mimi?

RODOLPHE.

Madame, je ne dois plus l'aimer... et peut-être l'ai-je aimée plutôt pour moi que pour elle.

MADAME DE ROUVRES, avec un mouvement de satisfaction contenu.

Ah! Asseyons-nous donc. (Elle l'entraîne sur le canapé de droite, près de la chambre où est Mimi. — Ils s'asseyent.) Vous dites l'avoir aimée plutôt pour vous que pour elle?.. Quelle passion est cela?

RODOLPHE.

Passion de poëte, passion d'artiste... c'est-à-dire ce qu'il y a de plus beau...

MADAME DE ROUVRES.

Et de plus faux à la fois?

RODOLPHE.

Oui, Madame, car c'est la perpétuelle exploitation du cœur par l'imagination.

MADAME DE ROUVRES, avec intention.

Vous reniez donc votre amour? Vous convenez donc que ce n'était qu'un caprice, une fantaisie?

RODOLPHE.

Peut-être...

MADAME DE ROUVRES.

Ce que vous aimiez en elle, c'était donc sa beauté? (Musique à l'orchestre.)

RODOLPHE.

Oui, sa beauté, sa jeunesse, l'éclat de son sourire, la fanfare de sa gaieté.

MADAME DE ROUVRES.

Enfin, vos amours étaient de ceux qui naissent au printemps avec la première feuille, et meurent à l'hiver avec la première neige?

RODOLPHE.

Qu'y faire?.. Voyez-vous, Madame, l'amour dans une petite chambre visitée du soleil et de la bise aussi... l'amour qui s'attable à un couvert frugal et boit dans le même verre... cet amour-là est quelque chose de charmant quand on est encore sous le soleil levant de la première jeunesse... Mais il arrive un jour où l'orgueil de l'esprit commence à disputer au cœur la liberté de ses sympathies et de ses enthousiasmes... Alors tout change!.. le naïf vous paraît vulgaire... le caquetage d'une jolie bouche vous semble monotone, et vous commencez à trouver tiède le baiser de sa lèvre ardente. (Il entoure la taille de madame de Rouvres.)

MADAME DE ROUVRES, se tournant du côté de la porte.

Rodolphe!..

RODOLPHE, se penchant sur son épaule.

C'est alors qu'on rêve un autre amour... Celui qui marche sur les tapis, se drape dans la soie ou le velours, se constelle de diamants, va au bois, à l'Opéra, parle un langage pur, écrit sur vélin couronné de vignettes héraldiques, et s'appelle d'un nom qui a ses entrées dans l'histoire. (Il embrasse l'épaule de madame de Rouvres. On entend un léger bruit dans le cabinet. Madame de Rouvres se lève vivement et passe à gauche. — Rodolphe se levant aussi.) Il y a quelqu'un là?

MADAME DE ROUVRES.

Ma femme de chambre...

MARCEL, en dehors.

Un rentrant à la bouillotte!

MADAME DE ROUVRES, un peu agitée.

On vous appelle, quittons-nous... Je vous reverrai tout à l'heure... Allez, allez... à bientôt!

RODOLPHE.

A bientôt! (Il lui baise la main et sort par le fond.)

SCÈNE XI.

MADAME DE ROUVRES, MIMI.

(Pendant que Rodolphe remonte la scène, madame de Rouvres jette les yeux vers le cabinet dont on a vu la porte remuer. Mimi sort du cabinet.)

MADAME DE ROUVRES, à part.

La voilà!

MIMI, apercevant madame de Rouvres.

Pardon, Madame.

MADAME DE ROUVRES.

Vous cherchez quelqu'un?

MIMI.

Oui, Madame... je cherche Rodolphe.

MADAME DE ROUVRES.

Monsieur Rodolphe, vous voulez dire?

MIMI.

Pour moi, c'est Rodolphe tout court... je suis la petite dont vous parliez tout à l'heure.

MADAME DE ROUVRES.

Attendez donc... Mademoiselle...

MIMI.

Mimi! vous le savez bien, Madame!

MADAME DE ROUVRES.

Mademoiselle... songez où vous êtes!

MIMI.

Je m'en souviendrai, Madame... si on ne me le fait pas oublier!

MADAME DE ROUVRES.

Que désirez-vous?

MIMI.

Je veux mon amant, Madame! (Madame de Rouvres fait un mouvement pour se retirer. Mimi se place en face d'elle et lui barre le passage.) Ne vous en allez pas, Madame... ou je crie!

MADAME DE ROUVRES.

Du scandale!

MIMI.

Tant pis! je veux mon amant!

MADAME DE ROUVRES.

Vous êtes folle, Mademoiselle.

MIMI.

Ça se peut bien!

MADAME DE ROUVRES.

Je suis désolée de vous le dire, Mademoiselle; mais vous devez comprendre que M. Rodolphe ne désire pas cette rencontre. (Montrant le cabinet.) Vous étiez là, vous avez dû entendre? Je pensais que cela devait vous suffire! (Elle va s'asseoir sur le canapé de gauche.) M. Rodolphe ne vous aime plus... que voulez-vous que j'y fasse?

MIMI.

Oh! si, Madame, il m'aime toujours! L'accent avec lequel il disait ne plus m'aimer me prouve le contraire!

MADAME DE ROUVRES, froidement.

Non-seulement il ne vous aime plus... mais il en aime une autre!

MIMI, riant convulsivement.

Vous, peut-être? Ha! ha! ha! vous me faites rire, tenez!.. Je ne suis qu'une petite fille, un enfant perdu en venant au monde; j'ignore le beau langage et les belles manières, et cependant Rodolphe m'a adorée! oui, Madame, adorée! ce n'est pas trop dire... Aussi n'est-ce pas en quatre jours qu'il pourra m'oublier et en aimer un autre... A celle qui se croirait aimée de lui, je dirais : «Il vous trompe et se trompe lui-même... ne l'écoutez pas, car vous ne tarderez pas à vous apercevoir que vous n'êtes pour lui qu'une distraction... et cela vous ferait de la peine.

MADAME DE ROUVRES.

Continuez, Mademoiselle... vous m'amusez beaucoup.

MIMI.

Non, Madame, je ne vous amuse pas... au contraire... Si Rodolphe ne vous aime pas... que voulez-vous que j'y fasse?.. Il sera peut-être votre mari... il était mon amant!.. C'était un poëte... il deviendra un homme d'affaires... Au reste, cela arrive, et nous autres grisettes, comme vous dites vous autres grandes dames, nous avons souvent le dessus du panier de vos amours.

MADAME DE ROUVRES, se levant.

C'est tout ce que vous avez à me dire, Mademoiselle?

MIMI, un peu intimidée.

Pardon, Madame, si je vous ai parlé ainsi... mais tout ce que je vous ai dit, j'en suis sûre, voyez-vous.

MADAME DE ROUVRES.

Je vous ai écoutée jusqu'au bout... Vous êtes venue me conter vos petites affaires, que je ne vous demandais pas... Je vous ai répondu, c'est beaucoup, croyez-le... Restons-en donc là... Si je parlais, je pourrais détruire des illusions que vous vous obstinez à conserver... et cela vous ferait de la peine, comme vous me le disiez tout à l'heure... Permettez-moi donc de me retirer.

MIMI.

Soit!... mais laissez-moi voir Rodolphe!

MADAME DE ROUVRES, passant à droite.

Vous désirez qu'il vous répète ce qu'il disait tout à l'heure?

MIMI.

Quoi?

MADAME DE ROUVRES.

Je m'en souviens, moi: l'amour dans une petite chambre visitée de soleil!..

MIMI.

Je sais!..

MADAME DE ROUVRES.

Mais bientôt on rêve un autre amour... Vous comprenez, Mademoiselle?

MIMI.

Eh bien! oui, c'est vrai... les diamants, la toilette, les belles choses... je n'ai rien de tout cela; mais j'ai le dévouement qui peut les remplacer.

MADAME DE ROUVRES.

Croyez-vous donc que votre amour vaille le sacrifice de son avenir? (Musique à l'orchestre.)

MIMI, à part.

Oh! mon Dieu! c'est donc vrai, puisque tout le monde me le dit?.. (Haut.) Mais je ne puis me passer de lui, Madame! mais cet amour, c'est tout mon bonheur!

MADAME DE ROUVRES.

Que c'est bien là le cri de votre égoïsme!.. Tenez, vous ne savez pas ce que c'est que le dévouement... votre cœur est trop étroit pour le contenir!

MIMI, égarée.

Assez, Madame!.. Vous ne croyez pas à mon dévouement? demain vous y croirez... et Rodolphe aussi y croira... Adieu, Madame... aimez-le bien! (Elle sort vivement par la gauche.)

SCÈNE XII.

MADAME DE ROUVRES, BAPTISTE.

(Mimi est sortie à moitié folle. La porte se referme. Madame de Rouvres, très-émue, a fait un mouvement pour la retenir. Quand Mimi est sortie, madame de Rouvres court au guéridon et sonne. — Baptiste entre par le fond.)

MADAME DE ROUVRES, très-agitée.

Baptiste, descendez à l'instant, et suivez une jeune fille qui va sortir de l'hôtel.

BAPTISTE, à part.

Mademoiselle Mimi... ah! mon Dieu!

MADAME DE ROUVRES, avec emportement.

Allez donc! (Baptiste sort en courant par la gauche.) Son adieu m'a frappée au cœur!

RODOLPHE, entrant vivement par le fond, à part.

Qu'ai-je appris?.. ces lettres n'étaient que mensonges... Mimi est innocente... et elle était là! (Il va vers le cabinet, madame de Rouvres lui barre le passage.)

MADAME DE ROUVRES.

Elle n'y est plus, Monsieur.

RODOLPHE.

Quoi! vous saviez?..

MADAME DE ROUVRES.

Eh bien! oui, je le savais... il faut choisir entre vos deux maîtresses, Monsieur! Je ne veux pas d'une semblable rivale! (Elle tombe assise sur le canapé de droite.)

RODOLPHE.

Une rivale! ah! oui... Vous l'avez chassée, Madame... les larmes de cette enfant ne vous ont pas touchée?

MADAME DE ROUVRES.

Les miennes vous toucheraient-elles, Monsieur? (Durandin paraît au fond avec Marcel et Colline.)

RODOLPHE.

Eh! Madame, ce n'est pas votre amour qui pleure... c'est votre orgueil.

MADAME DE ROUVRES.

Monsieur! (Durandin, Marcel et Colline entrent vivement.)

DURANDIN, courant à Rodolphe.

Qu'est-ce donc? qu'y a-t-il?

RODOLPHE.

Laissez-moi!.. votre conduite est indigne.

DURANDIN.

Monsieur!

MARCEL.

Mon ami!

RODOLPHE.

Cette fille que j'aimais... que j'aime encore... vous l'avez calomniée!

MADAME DE ROUVRES.

Comment?

BAPTISTE, entrant par la petite porte de droite, à Rodolphe.

Ah! Monsieur... je crains qu'il ne soit arrivé un malheur... mademoiselle Mimi...

RODOLPHE.

Eh bien?

BAPTISTE.

Je l'ai vue sortir en courant; j'ai voulu la suivre, mais dans l'obscurité je l'ai perdue. (Marcel, Colline et Baptiste vont à la fenêtre.)

RODOLPHE, avec douleur.

Mimi? (A madame de Rouvres.) Entendez-vous? en ce moment elle meurt peut-être, victime de votre amour et de votre perfidie. (Durandin hausse les épaules et remonte; madame de Rouvres passe à gauche et regarde Rodolphe avec fierté.)

MADAME DE ROUVRES.

Vous êtes chez moi, Monsieur!

RODOLPHE.

Oui, Madame, de votre perfidie... car elle était là... et elle m'a entendu quand je la reniais lâchement.

MADAME DE ROUVRES.

Pour qui donc, Monsieur?

RODOLPHE, bas à madame de Rouvres.

Pour une autre qui me renie à son tour. Adieu, Madame... Vous me disiez tout à l'heure de choisir?..

MADAME DE ROUVRES, qui vient d'arracher le portrait de Mimi de l'album, le froissant et le jetant aux pieds de Rodolphe.

Je ne vous le dis plus!.. Adieu, Monsieur!

DURANDIN, à Rodolphe.

Allez, Monsieur, continuez votre existence de désordre, votre belle vie de bohême... Tout est fini entre nous.

RODOLPHE, à Durandin.

Gardez votre argent. (A madame de Rouvres.) Gardez votre orgueil... moi, je garde mon amour! (Il remonte près de Marcel et de Colline. M. Durandin est à gauche, près de la table; madame de Rouvres est tombée sur le canapé de gauche. Schaunard entre par la droite, et va suivre les autres.)

BAPTISTE, arrêtant Schaunard, bas.

Monsieur, vous n'auriez pas besoin d'un domestique?

SCHAUNARD.

Si, quelquefois... pour m'avancer de l'argent sur ses gages. (Baptiste fait signe que ça lui va, et se dispose à le suivre.)

ACTE CINQUIÈME

Chez Rodolphe

Une chambre. — Au fond, un lit. — Porte à côté du lit, à gauche. — Fenêtre à gauche, au deuxième plan. — Au premier plan, à droite, une cheminée. — Au premier plan, un peu vers la gauche, une table sur laquelle sont entassés des bouteilles et des plats vides. — A terre, des bouteilles, des assiettes, des coquilles d'huîtres, etc. — Un fauteuil Voltaire près de la cheminée. — Un grand désordre.

—

SCÈNE PREMIÈRE

RODOLPHE, MARCEL, COLLINE, SCHAUNARD.

(Au lever du rideau, Colline et Schaunard sont près de la cheminée, enfoncés dans l'âtre éteint. Marcel et Rodolphe sont assis à la table, tristes et silencieux. On entend le vent souffler.)

COLLINE, se reculant de la cheminée.

Qu'est-ce qui vient là ?

SCHAUNARD.

C'est le père Borée, ambassadeur du mois de décembre. (Il grelotte.) Brr !.. brr !.. Eh ! Marcel !..

MARCEL, relevant la tête.

Eh bien ?..

SCHAUNARD.

Toi qui es debout, va donc voir dans la bibliothèque s'il ne reste pas un peu de fagot.

MARCEL, sans se lever, montrant le ciel par la fenêtre.

Vois-tu là-bas ce petit nuage de fumée ?.. C'est notre dernière bûche qui s'envole.

SCHAUNARD.

Brr !.. brr !.. Sacrebleu ! nous ne sommes pas en sûreté ici. C'est une Sibérie !.. il y règne une température capable de faire éclore des ours blancs. (Prenant un verre sur la cheminée.) Buvons !

COLLINE, prenant une bouteille et la renversant.

L'édition est épuisée !.. (Il se lève et va près de Marcel.)

SCHAUNARD, rejetant le verre sur la cheminée.

Dieu ! que c'est bête un verre vide ! (D'un ton de mandoline.) Où dînerons-nous aujourd'hui ?

COLLINE, de même.

Nous le saurons demain... (Frappant sur l'épaule de Marcel.) Est-ce que nous n'allons pas songer à travailler ?

MARCEL.

Je ne travaille jamais en sortant de table, quand j'y suis resté cinq jours de suite... Je ne suis pas en train.

SCHAUNARD, se levant.

Je connais ça... c'est dans la nature... Il y a des années où l'on n'est pas en train.

COLLINE, revenant près de Schaunard.

Viens-nous-en. (Bas.) Les regrets de nos amis ont besoin de solitude. (Haut.) Adieu, Marcel.

SCHAUNARD.

Adieu, Rodolphe. (Ils leur serrent la main et sortent.)

SCÈNE II.

MARCEL, RODOLPHE.

(Rodolphe se lève et gagne la droite. Pendant quelques instants ils demeurent silencieux; puis, un bruit de pas se faisant entendre dans l'escalier, Marcel se lève précipitamment et va coller son oreille à la porte. Le bruit s'éloigne.)

MARCEL, à part.

Je m'étais trompé.

RODOLPHE.

Celle que tu attends ne vient pas?

MARCEL.

Que veux-tu dire?

RODOLPHE.

Tu attends Musette?

MARCEL.

Je l'ai attendue, mais je ne l'attends plus. Il y a cinq jours, c'est vrai, je lui ai écrit; je lui disais que nous avions des sommes, une apoplexie foudroyante de fortune... mon gain du jeu, tu sais... et je l'invitais à venir se chauffer pendant qu'il y avait du feu; elle m'a répondu sur-le-champ qu'elle viendrait... Alors, c'est vrai, je l'ai attendue pendant cinq minutes. (Il passe près de la cheminée.)

RODOLPHE.

Tu l'as attendue pendant cinq jours, et tu l'attends encore?

MARCEL.

Non.

RODOLPHE.

Et si tu la voyais entrer, ton cœur lui sauterait au cou?

MARCEL, montrant son cœur.

Non, la petite bête est morte. (S'asseyant devant la cheminée.) Et dire que pendant cinq jours cette cheminée a flambé comme l'enfer... Si Musette avait été là, elle qui était si frileuse.

RODOLPHE.

La petite bête est morte, disais-tu?

MARCEL, *se levant.*

Eh bien! non, elle ne l'est pas; c'est stupide, mais c'est comme ça. Ah! toi, au moins, tu pouvais aimer ta Mimi à plein cœur... elle ne t'a jamais trompé, et si tu n'étais pas riche, son amour te faisait crédit.

RODOLPHE.

Musette aussi t'aimait bien... Mais pourquoi n'as-tu pas essayé de la retenir autrefois? Elle ne t'aurait peut-être pas quitté.

MARCEL.

Je ne pouvais pas me battre en duel avec tous les cachemires qui lui faisaient la cour. (*Il se rassied près de la cheminée.*)

RODOLPHE.

C'est juste, tandis que moi j'ai perdu Mimi par ma faute. Je l'ai soupçonnée, quand elle était fidèle; et elle est partie depuis dix jours. Pendant les cinq premiers, je l'ai cherchée partout, je ne l'ai pas trouvée et je n'ai rien appris.

MARCEL.

Elle aura passé en Angleterre. (*Se levant et allant ranger la table contre le mur de gauche.*) Ah! tiens, tôt ou tard, elle aussi t'aurait planté là pour un clerc de notaire frisé qui l'aurait séduite avec des madrigaux frappés à la Monnaie.

RODOLPHE, *qui rêvait.*

C'est égal... nous leur devons de beaux souvenirs.

MARCEL.

Oui, mais tous ces souvenirs-là, ce n'est bon qu'à faire des regrets. Bah! parlons d'autre chose, et tâchons de nous réchauffer... car il fait un froid!.. Qu'est-ce qu'on pourrait donc bien brûler pour se dégourdir les doigts un moment? Ah! à propos de souvenirs, j'ai là quelques autographes de Musette. (*Il va à une espèce de buffet qui est dans le coin, à gauche, et prend des lettres dans un tiroir.*) Puisque je suis en train d'oublier, j'ai bien envie... mais avant, (*S'asseyant près de la cheminée.*) relisons une dernière fois ces lettres brûlantes. (*Lisant.*) « Je vais dîner chez ma tante; comme il pleuvra peut-être ce soir, je ne rentrerai que demain matin. » Très-bien, je la connais, sa tante, c'était mon cousin. En voici une autre. « J'ai pris l'argent qui était dans la tabatière pour aller acheter des bottines vertes. » Ces bottines-là ont dansé bien des contredanses où je ne faisais pas vis-à-vis. (*D'un ton railleur.*) O mes lettres d'amour, de vertu, de jeunesse! à la poste!.. (*Il les jette au feu.*) Tant pis, quand j'ai froid, je me brûlerais une jambe pour me chauffer l'autre.

RODOLPHE, *s'asseyant près de la table.*

O petite Mimi! joie de ma maison, c'est donc bien vrai que vous êtes partie et que je ne vous verrai plus? O petites mains blanches aux veines bleues, vous à qui j'avais fiancé mes lèvres ! avez-vous donc reçu mon dernier baiser? (En ce moment on entend dans l'escalier une voix qui chante :)

Réveillez-vous, ma mie Jeannette,
Et mettez vos plus beaux habits.

RODOLPHE, courant à la porte où il trouve Marcel arrivé avant lui.

C'est la chanson de Mimi.

MARCEL.

Oui, mais c'est la voix de Musette. (Musette entre gaiement, et s'arrête en voyant l'aspect délabré de la chambre et la tristesse sur les visages.)

SCÈNE III.

LES MÊMES, MUSETTE.

MARCEL, à part.

Soyons fier et dédaigneux. (Il se pose avec fierté. Rodolphe donne la main à Musette et fait un pas pour remonter.)

MUSETTE, à Rodolphe.

Vous nous quittez?

RODOLPHE.

Oui, je vais acheter du tabac à la Havane. (Musette le remercie du geste; Rodolphe sort.)

MUSETTE, à part.

Je n'ose plus entrer. (Appelant doucement.) Marcel ! (Marcel ne bouge pas.) Est-ce qu'il faut que je m'en aille?

MARCEL.

Évidemment (Musette, toute triste, va sortir; Marcel, par un mouvement involontaire, fait un pas de son côté.)

MUSETTE, jetant son chapeau et son châle sur une chaise près du lit, et s'élançant dans les bras de Marcel.

Mon petit Marcel! (Elle s'élève sur la pointe du pied pour que Marcel l'embrasse.)

MARCEL, se détournant avec effort et passant à gauche.

Je ne suis plus votre petit Marcel !

MUSETTE, regardant autour d'elle.

Il fait bien froid chez vous!

MARCEL.

Le feu vous a attendue pendant cinq jours, et la table aussi... (Montrant la cheminée.) Il ne reste plus que des cendres ; (Montrant la table.) il ne reste pas de miettes.

MUSETTE, timidement et s'asseyant.

Je suis en retard.

MARCEL.

Cinq jours pour traverser le pont Neuf! Vous avez donc pris par les Pyrénées? (Musette ne répond rien et pose sa tête sur la poitrine de Marcel qui s'est rapproché d'elle.) Qu'est-ce qui vous a retenue? Est-ce un caprice blond ou brun?

MUSETTE.

C'est la pluie.

MARCEL.

La pluie, je comprends. (Avec amertume.) O Danaé !..

MUSETTE.

C'est la vérité... et si je ne craignais de te faire de la peine...

MARCEL.

Oh ! une épingle de plus ou de moins dans la pelote. (Touchant la robe de Musette.) Mais qu'est-ce que vous avez donc là-dessous ?

MUSETTE, avec coquetterie.

Tu le sais bien. (Se levant.) Écoute : quand j'ai reçu ta lettre, je l'ai montrée à milord.

MARCEL.

Quel âge a milord ?

MUSETTE.

Il a quinze jours... D'abord, ça l'a un peu surpris... il a fait : Oh !.. mais je lui ai dit : Écoutez, milord, depuis que j'ai un corset de quatre-vingts francs, je ne sens plus mon cœur battre, bien sûr que je l'ai laissé dans un des tiroirs de Marcel ; je vais le chercher, et je suis partie. Mais, quand j'étais à moitié chemin, voilà une averse !.. oh !.. et pas une voiture... J'étais à la porte de Madeleine, je monte, on allait tirer une loterie au profit d'une pauvre famille. Madeleine me saute au cou et me demande un lot ; elle prend quelque chose dans ma poche, je la laisse faire sans regarder. La loterie se tire, et tout à coup voilà un joli monsieur qui s'approche de moi, et qui me dit : Mademoiselle, j'ai le numéro 23. (Baissant les yeux.) Et le numéro 23, c'était...

MARCEL.

C'était ?..

MUSETTE.

Tiens, parlons politique...

MARCEL.

Eh bien ?

MUSETTE, tout bas.

C'était la clef de mon boudoir, et comme je le suppliais de me la rendre : Mademoiselle, me répondit-il, je la rendrai, mais à la serrure.

MARCEL, remontant.

Tiens, va-t'en.

MUSETTE, partant d'un grand éclat de rire.

Ah bah ! c'était un Espagnol, et je ne connaissais pas l'Espagne.

MARCEL.

Je te le disais bien que tu avais pris par les Pyrénées ! (Il s'assied.)

MUSETTE.

Que veux-tu? mon existence folle est une chanson, chacun de mes amours en est un couplet... mais c'est toi qui es le refrain... (Elle l'enlace dans ses bras.)

Air : *Venise est encore au bal.*

Souvenirs des anciens jours,
Rappelez-lui ma tendresse !
Les infidèles amours
Sont les plus charmants toujours.
Comme un démon tentateur,
L'orgueil a séduit mon cœur...
Mais le vrai, le seul bonheur,
La seule richesse,
C'est l'amour dans la gaîté,
C'est la vie aventureuse
Et c'est notre liberté
Toujours si joyeuse.

(Elle force Marcel à l'embrasser. Rodolphe rentre et descend la scène d'un air pensif.)

SCÈNE IV.

LES MÊMES, RODOLPHE.

MUSETTE.

Ah ! c'est Rodolphe ! (A Marcel.) Comme il a l'air triste ! (Elle passe près de Rodolphe.)

RODOLPHE, à Musette.

Depuis dix jours, est-ce que vous ne l'avez pas rencontrée?

MUSETTE.

Qui donc ?

RODOLPHE.

Mimi.

MUSETTE.

Comment ?

MARCEL, bas à Musette.

Un tas d'histoires, des jalousies, des soupçons; c'est l'oncle de Rodolphe qui est cause de tout cela... Enfin, Mimi s'est envolée, et peut-être qu'elle a maintenant un nouvel amour et des chapeaux à plumes.

MUSETTE, riant.

Mimi avec un chapeau à plumes! Oh! Dieu! qu'elle doit être drôle! (Changeant de ton sur un geste de Marcel, à Rodolphe.) Ah bah ! elle reviendra; je suis bien revenue, moi.

MARCEL.

Parbleu ! tu ne fais qu'aller et venir. (Musette s'est approchée de

Rodolphe qu'elle semble chercher à consoler. Tout à coup on entend du bruit dans l'escalier, Rodolphe tressaille. Musique à l'orchestre.)

RODOLPHE.

Ah! mon Dieu! je ne me trompe pas cette fois... (Il écoute.)

MUSETTE.

Qu'est-ce donc?

RODOLPHE, lui mettant la main sur son cœur.

Écoutez... c'est mon cœur qui crie après elle... (Mimi paraît en s'appuyant contre le chambranle de la porte.)

MUSETTE.

Mimi! ah! je le disais bien.

RODOLPHE, courant à Mimi.

Oui, oui, c'est elle!.. Ah!..

SCÈNE V.

LES MÊMES, MIMI, pâle, abattue.

MIMI.

Rodolphe!

RODOLPHE, la couvrant de baisers.

Mimi, ma chère Mimi!

MIMI, dans ses bras.

Rodolphe! mon ami, oh! laisse-moi m'asseoir, je ne peux pas me tenir... (Marcel avance le fauteuil, elle s'assied. — Musette s'assied à côté d'elle. — L'apercevant.) Ah! te voilà! bonjour, Musette, tu es revenue, tu as bien fait, va! (Tendant la main à Marcel.) Bonjour, Marcel; ça va bien, et moi aussi. (A elle-même.) Non, ça ne va pas bien.

RODOLPHE.

Est-ce que tu souffres?..

MIMI.

Non, je suis fatiguée seulement.

RODOLPHE.

Ma pauvre Mimi!

MIMI.

Oui, ta pauvre Mimi qui te retombe sur les bras! Te ne m'attendais plus, hein?

RODOLPHE, à Mimi.

Mais d'où viens-tu, si tard par ce mauvais temps?

MIMI.

D'où je reviens? je ne viens pas de danser, va; je reviens de l'hôpital.

RODOLPHE.

Oh! mon Dieu!

MARCEL, bas à Rodolphe, qu'il prend à part.

Dis donc, je ne sais pourquoi, mais j'ai peur; Mimi paraît bien mal.

RODOLPHE, bas.

Je l'ai vu comme toi.

MARCEL, bas.

Je vais aller chercher ce jeune médecin que nous connaissons.

RODOLPHE.

Oui, et amène-le tout de suite. (Marcel sort. — Rodolphe revient à Mimi.)

MIMI, continuant à causer avec Musette.

Mon Dieu ! oui, ma chère, je sors de l'Hôtel-Dieu, un vilain endroit pour mourir; j'ai eu bien de la peine à m'en aller, va; on ne voulait pas me laisser partir. Heureusement on manquait de lits, et ça en faisait un de plus. Enfin, me voilà... (A Rodolphe.) Ah ! mon pauvre ami, j'avais bien peur de ne plus te revoir!

RODOLPHE, qui s'est agenouillé près d'elle.

Mais cette nuit de bal, où tu as quitté l'hôtel de...

MIMI, vivement.

Oui, je sais.

RODOLPHE.

Où donc as-tu été?

MIMI.

J'ai été tout droit sur le pont, comme une grisette de roman.

RODOLPHE.

Tu voulais mourir?

MIMI.

Dame !.. qu'est-ce que tu voulais que je fasse? On m'avait dit que j'étais un obstacle à ton bonheur; je doutais d'abord... mais depuis... (Soupirant.) Ah !.. enfin... ça m'a décidée. J'ai cru que tu m'avais oubliée pour de bon, et j'ai couru à la rivière; où voulais-tu que j'aille?

RODOLPHE, avec amour.

Mimi!

MIMI.

J'ai regardé l'eau couler; elle était bien sale ! Ça n'était pas beau, va! Je me tenais appuyée contre le parapet, je regardais machinalement autour de moi. Tout à coup, je ne sais pas comment, mes yeux se sont tournés du côté du quai, et j'ai aperçu, à notre petite fenêtre, la lumière que j'avais oublié d'éteindre. Tout mon bonheur passé semblait me regarder par cette fenêtre. Alors j'ai oublié la grande dame, j'ai oublié la rivière, et je n'ai plus pensé qu'à toi. Je me suis rappelé le temps où nous avions vécu dans cette chambre. Dans ce temps-là, tu te souviens, la lumière brûlait tard aussi; tu travaillais dans la nuit, et, de temps en temps, tu te dérangeais pour venir m'embrasser dans mon lit. Tous ces souvenirs avaient un peu troublé mes idées; la rivière gonflée avait beau me dire : Viens-tu? en grondant sous les arches... je ne me pressais pas et je me disais : Quand je serai au fond de l'eau, il ne pourra plus venir m'embrasser. Cependant il fallait bien en finir, je n'étais pas venue là pour m'amuser; je me suis penchée de nouveau sur le parapet, mais le courage m'a encore manqué. Alors j'ai regardé la fenêtre, où la lumière brûlait toujours, et je me suis dit : J'irai dans l'eau quand la lumière s'éteindra. Ah ! vois-tu, mon ami, quand on souffre, on a bientôt dit : Je m'en vais mourir. On croit que c'est facile; mais on se trompe joliment, va! Pendant que j'attendais le signal pour faire le saut, la fièvre m'a saisie, j'ai perdu la tête, et je suis tombée évanouie sur le pavé. Quand je suis revenue à moi, j'étais dans un lit de l'Hôtel-Dieu.

MUSETTE, à part, se levant.

Pauvre fille !

RODOLPHE, à Mimi, qui veut se lever.

Tu es fatiguée, repose-toi.

MIMI.

Je ferai tout ce que tu voudras... Dis donc, si j'avais trouvé une autre femme ici, c'est moi qui serais joliment descendue par la fenêtre. (Elle tousse.)

RODOLPHE.

Ne parle plus.

MIMI.

Tu m'aimes toujours, n'est-ce pas?

RODOLPHE.

Si je t'aime !.. (On frappe à la porte.)

SCÈNE VI.

RODOLPHE, LE MÉDECIN, MIMI, MUSETTE, puis MARCEL.

LE MÉDECIN.

Vous m'avez fait demander?

RODOLPHE, se relevant et venant près du médecin.

Chut! (Musette retourne près de Mimi et lui parle bas.)

LE MÉDECIN.

Je comprends...

RODOLPHE.

Mimi... ma petite fille, voilà un de mes amis qui est monté me voir en passant. C'est un médecin. Si tu lui disais où tu souffres, ce que tu éprouves?

LE MÉDECIN, venant près de Mimi dont il prend la main.

Vous permettez, Mademoiselle? (Rodolphe semble épier avec anxiété la physionomie du médecin, qui lui fait signe de s'écarter. — Marcel rentre.— Musette et Rodolphe vont au-devant de lui pendant que le médecin semble consulter Mimi.)

MARCEL.

Le médecin est-il venu ?

MUSETTE.

Il est là!

MARCEL.

Qu'a-t-il dit?

RODOLPHE.

Nous ne savons rien encore. (Musette et Marcel se rapprochent de Mimi.)

LE MÉDECIN, à Mimi.

Tranquillisez-vous, Mademoiselle... ce n'est rien... du repos, et tout ira bien.

RODOLPHE, joyeux.

Ah! (Marcel et Musette redescendent la scène et vont s'asseoir près de Mimi, pendant que le médecin et Rodolphe sont dans un coin du théâtre.)

LE MÉDECIN, revenant à Rodolphe et lui prenant la main, bas.

Mon ami, c'est fini!

RODOLPHE, tressaillant.

Perdue? O Mimi! ma pauvre Mimi!

LE MÉDECIN.

Dans huit jours, au plus tard.

RODOLPHE.

Quoi! sitôt?

LE MÉDECIN.

Plus tôt... Demain, peut-être!

MIMI, se penchant vers Rodolphe et le médecin.

Qu'est-ce que vous dites là tous deux?

RODOLPHE, prenant un ton gai et venant à elle.

Nous complotons pour te faire prendre quelque chose de très-mauvais qui te guérira bien vite.

MUSETTE, à Mimi.

Tu vois bien, si tu étais en danger, il ne rirait pas.

MARCEL, qui vient de porter une écritoire et du papier sur la table, bas, à Rodolphe.

Que dit le médecin?

RODOLPHE, bas.

C'est fini!

LE MÉDECIN, à Mimi.

Allons! ne vous tourmentez pas...

MIMI.

Oh! je suis mieux déjà depuis que je suis ici. (La fièvre commence à la prendre.) Il faut me guérir bien vite, Monsieur! (Montrant Rodolphe qui s'est rapproché, et dont elle a pris la main.) Vous le voyez, je suis toute sa joie... une triste joie, n'est-ce pas? Enfin, il m'aime comme ça! (Regardant la robe de Musette.) C'est joli cette robe!.. Tout à l'heure, en revenant de l'hôpital, j'ai regardé les magasins. Quel malheur que cela coûte aussi cher! (Avec vivacité.) Comme on est drôle quand on est malade! on a toutes sortes d'envies. (A Rodolphe.) Tu sais bien, moi qui ne suis pas coquette, je voudrais avoir... (Tristement.) Non, n'y pensons plus!

(Le médecin est allé s'asseoir à la table et écrit son ordonnance; Marcel est retourné près de Musette.)

RODOLPHE.

Si, au contraire, parle, qu'est-ce? que veux-tu? Est-ce une belle robe de soie, comme celle de Musette, avec une garniture de blonde?

MIMI, riant et toussant.

Ah! de la blonde!.. comme il est bête! c'est de la dentelle!.. Non, je ne veux pas de robe de soie. Je voudrais avoir... un manchon, mais j'en ai bien envie. (Musette fait signe à Rodolphe de dire oui.)

RODOLPHE, à Mimi.

Ce n'est que cela, ma chérie? tu l'auras!

MUSETTE, bas, à Marcel.

J'en ai un chez moi... tu iras le prendre.

MIMI.

Bientôt?

RODOLPHE.

Tout à l'heure! (Marcel remonte et repasse près du médecin.)

MIMI.

Ça coûte cher, un manchon; tu es donc riche?

RODOLPHE, vivement.

Oui, nous sommes riches!

MIMI, répétant.

Ah bien! si nous sommes riches, il faut faire aller le commerce. Va me chercher mon manchon.

LE MÉDECIN, se levant et venant à Rodolphe, après avoir remis l'ordonnance à Marcel.

J'ai quelques visites à faire. Je reviendrai dans la soirée. (Il sort. Rodolphe et Marcel le reconduisent.)

MUSETTE, à Mimi.

Allons, viens te reposer.

MIMI.

Je veux bien. (Elle se lève, appuyée sur Musette et sur Rodolphe, qui est revenu près d'elle. — En remontant.) Tiens, le médecin est parti!

RODOLPHE.

Oui.

MIMI.

Qu'est-ce qu'il a dit de moi?

RODOLPHE.

Il a dit que si tu voulais être bien sage, dans huit jours tu pourras aller au bal.

MIMI.

Avec mon manchon?

RODOLPHE.

Oui, avec ton manchon.

MIMI, pendant qu'on l'aide à se mettre sur le lit.

Quel bonheur! Alors, pour commencer, je vais tâcher de dormir; car je ne dormais presque pas là-bas... Ces grandes salles, c'est si triste la nuit! (Musette range le fauteuil près de la cheminée. — Serrant Rodolphe entre ses bras.) Ah! mon ami, ne me renvoie pas à l'hôpital, j'y mourrais. (Doucement.) Je suis si bien ici, (Sa voix baisse.) dans ma petite chambre, (Plus bas.) auprès de toi... mon Rodolphe... (Elle s'endort.)

MUSETTE, bas.

Elle commence à dormir... (Elle tire les rideaux.)

MARCEL, montrant les débris du festin.

Hein! si nous avions pu prévoir; dire qu'il ne reste pas une goutte des cent écus que nous avons bus dans ces bouteilles.

MUSETTE, à Rodolphe.

Vous la gardez, n'est-ce pas?..

RODOLPHE, avec transport.

Si je la garde!..

MUSETTE.

Et de l'argent!

RODOLPHE.

Je vais chez mon oncle.

MUSETTE.

Ah! mais que je suis étourdie, moi!.. En attendant... (Elle ôte ses bracelets et les donne à Marcel.) va m'accrocher ça, tu sais où!... Comme je suis folle de ne pas y avoir pensé plus tôt!...

RODOLPHE, lui serrant la main.

Ah! Musette, merci! (La nuit vient peu à peu.)

MUSETTE.

Dieu! que vous êtes bête!... (A Marcel.) N'oublie pas de monter chez moi pour prendre le manchon!... Et, pendant que tu seras en course, passe chez Schaunard et Colline.

RODOLPHE, venant près de Marcel.

Préviens-les de ce qui m'arrive.

MARCEL, entraînant Rodolphe.

Oui, viens... Allons battre le rappel de la monnaie... (Ils sortent.)

SCÈNE VII.

MIMI, endormie, MUSETTE, auprès du lit.

MUSETTE.

Elle dort... (Elle va à la cheminée et allume une chandelle. — La chambre s'éclaire.) En voilà une qui n'aura pas eu de chance!... Si elle avait voulu, cependant, elle aurait pu être comme moi!.. J'aurais bien été comme elle si j'avais pu. Nous avions chacune notre maladie... Moi, une maladie qui m'a fait vivre : la coquetterie et le plaisir... Elle, une maladie mortelle : l'amour et l'honnêteté. (Retournant au lit.) On dirait qu'elle a froid. (Elle jette son châle sur le lit.) Pauvre fille! elle n'aura jamais été si bien mise.

SCÈNE VIII.

MUSETTE, MARCEL et RODOLPHE, entrant ensemble.

(Marcel tient à la main un carton duquel il retire un manchon qu'il dépose sur un meuble. — Rodolphe est triste et silencieux.)

MUSETTE, allant vers Rodolphe.

Eh bien?

RODOLPHE, bref.

Rien!

MUSETTE.

Comment! vous n'avez rencontré personne?

RODOLPHE, avec une ironie amère.

J'ai rencontré un pauvre qui m'a demandé l'aumône... (Il passe à droite.)

MUSETTE, allant vers Marcel.

Et toi... combien t'a-t-on prêté là-bas?

MARCEL.

Rien!

MUSETTE.

Comment!

MARCEL, lui rendant ses bijoux.

C'est aujourd'hui dimanche, le clou fait relâche; il faut attendre à demain.

MUSETTE.

Demain!.. Mais d'ici-là...

SCÈNE IX.

LES MÊMES, COLLINE, SCHAUNARD, entrant ensemble. Schaunard en habit de nankin.

MARCEL, allant à Schaunard.

Eh bien?

SCHAUNARD, fouillant dans sa poche.

Voilà trente sous! (Il les donne à Marcel.)

RODOLPHE, à Colline.

Eh bien?

COLLINE, fouillant dans sa poche.

Voilà trois francs!

MARCEL, les prenant.

Quatre livres dix... Je vais chez le pharmacien. (Il sort.)

MUSETTE, à Colline et Schaunard.

Comment avez-vous fait?

SCHAUNARD.

J'ai voulu vendre une pelure dans laquelle je comptais hiverner; mais c'est aujourd'hui dimanche, — ces choses-là n'arrivent qu'à moi, — il n'y avait pas un seul marchand d'habits dans les rues, et les fripiers étaient fermés. Cependant j'en ai trouvé un ; il m'a offert trente sous de mon alpaga, et un habit de nankin en retour. Je n'en avais pas le choix, j'ai pris, voilà.

MUSETTE.

Pauvre garçon! un habit de nankin de ce temps-ci!

SCHAUNARD.

Ça n'est pas chaud, mais c'est joli ; et puis il y a longtemps que j'avais envie d'en avoir un ! (Il remonte.)

COLLINE.

Moi, c'est autre chose ! j'ai voulu vendre mes livres ; mais tous les bouquinistes étaient clos dans leur vie privée. Quand j'ai vu ça, je suis entré chez un épicier et je lui ai négocié, au poids, une série de philosophes grecs.... Ça valait dix écus, mais ça ne pesait que trois francs. J'ai pris, voilà ! (Rodolphe est remonté près de la fenêtre.)

SCHAUNARD.

L'art est dans le marasme... et à cette heure, une moitié de Paris emprunte cent sous à l'autre moitié, qui les lui refuse. (Il passe à droite.)

MUSETTE, à Rodolphe.

Est-ce que votre providence habituelle vous abandonnerait?

RODOLPHE, toujours ironique.

La Providence ! la Providence !... (Montrant la fenêtre.) quand il fait ce temps-là, elle reste au coin de son feu.

MUSETTE.

Et votre oncle ?

RODOLPHE.

Je l'ai vu. Il montait en voiture pour se rendre au bal chez Madame de Rouvres. (Schaunard vient s'asseoir à gauche, près de la fenêtre.)

MUSETTE.

Eh bien ?

RODOLPHE.

Il n'y a rien à attendre de lui.

MUSETTE.

Vous ne lui avez donc pas dit ?...

RODOLPHE.

Je lui ai dit tout, mais il ne croit à rien ; il dit qu'elle joue la comédie, et que c'est un moyen pour entortiller son monde et arriver à son but.

MUSETTE, avec colère.

Dieu ! s'il est possible d'entendre ça de sang-froid ! (Elle repasse à droite et s'assied dans le fauteuil. Colline s'est assis près de la cheminée.

RODOLPHE, allant entr'ouvrir les rideaux du lit.

Pauvre fille !... tu m'as aimé, et dans mon amour égoïste je t'ai associée à ma vie de misère... chaque jour j'ai assisté à ton martyre patient, et pendant que tu tremblais sous les frissons de la fièvre... je me réchauffais à la chaleur de ton amour. (S'agenouillant.) Je t'en demande pardon... oui... c'est à cause de moi que te voilà sitôt couchée sur ce lit, où je vois déjà la mort naître sur ton visage.

SCÈNE X.

LES MÊMES, MADAME DE ROUVRES, puis MARCEL et DURANDIN.

(Madame de Rouvres est entrée silencieusement.)

RODOLPHE, se relevant et l'apercevant.

Vous !... vous ici, Madame ! (Tous se lèvent.)

MADAME DE ROUVRES.

Parlez bas. (Montrant le lit.) Qu'elle ne vous entende point.

RODOLPHE.

Quoi ! vous savez ?...

MADAME DE ROUVRES.

M. Durandin est chez moi en ce moment; il m'a tout appris.

RODOLPHE.

Madame...

MADAME DE ROUVRES.

En d'autres temps, Rodolphe, j'ai pu laisser échapper sur cette jeune fille des paroles...

RODOLPHE, vivement.

Et moi, Madame, comment pourrai-je m'excuser pour ma conduite inconvenante chez vous ?...

MADAME DE ROUVRES.

Ne vous excusez pas... il n'y a plus ici ni inconvenance, ni rivalité. (Montrant le lit.) Il y a le malheur et la pitié ! (Vivement.) la pitié sincère, qui souffrirait d'un refus... (Tirant un portefeuille.) Cette maladie peut être longue... prenez... (Elle lui donne le portefeuille.)

RODOLPHE, bas en lui baisant la main.

Ah! Césarine, merci !

MADAME DE ROUVRES.

Et, maintenant, permettez-moi de me retirer. (Durandin entre en même temps que Marcel, qui apporte les médicaments qu'il pose sur la table.)

DURANDIN, à madame de Rouvres.

Vous êtes venue ?.. Quelle folie !..

RODOLPHE.

Mon oncle !

DURANDIN.

Laisse-moi dire un mot à Madame, je te parlerai ensuite.

MADAME DE ROUVRES, à Durandin.

Pas ici !.. Monsieur, reconduisez-moi.

DURANDIN, à madame de Rouvres.

Tout à l'heure, chez vous, quand je vous ai parlé de ce qui se passait ici, vous m'avez accusé d'insensibilité, de cruauté même? Eh bien! je suis venu exprès pour vous prouver que je ne suis ni insensible, ni cruel!.. Seulement je ne veux pas être dupe.

RODOLPHE.

Mon oncle!

DURANDIN.

Et je ne veux pas que tu le sois non plus... car, ma parole d'honneur! vous êtes fous tous tant que vous êtes.

MADAME DE ROUVRES.

Monsieur, taisez-vous.

DURANDIN.

Je vous le répète, vous êtes dupe d'une comédie!.. (Il passe à droite.)

SCHAUNARD, mettant une chaise près du lit.

Une comédie!.. Permettez-moi de vous offrir une stalle pour mieux la voir.

MUSETTE, à Durandin.

Ah! tenez... vous n'avez pas de cœur!..

DURANDIN, à Musette.

Vous défendez votre pareille, je comprends ça.

MUSETTE, éclatant, mais d'une voix sourde.

Mimi, ma pareille!.. Mimi, si bonne, si dévouée, si douce! Oh! comme vous ne me connaissiez guère!... Ah! monsieur Million, si vous pouviez être jeune pendant un carnaval?

DURANDIN.

Eh bien?

MUSETTE.

Je n'en demanderais pas davantage pour faire fondre votre fortune au creuset de mes caprices. Vous voyez bien ces petites dents-là, elles croqueraient des lingots!... (Frappant du pied.) Vous n'avez pas un fils en quelque part, que je le mette sur la paille!

DURANDIN.

Eh bien! à la bonne heure, vous, vous êtes franche. (Il passe près de Rodolphe.) Voyons, elle est malade, dis-tu? eh bien! je la ferai entrer dans une maison de santé. (Élevant de plus en plus la voix.) Mais je ne veux pas qu'elle reste ici!... (Pendant ce temps le rideau s'est entr'ouvert. — On voit Mimi qui écoute. — Musette l'aperçoit et court à elle.) A cette condition je donnerai de l'argent, mais elle partira!

MADAME DE ROUVRES, à Durandin.

Vous ne donnerez rien, Monsieur, et elle ne partira pas!

DURANDIN.

Madame...

RODOLPHE, voyant Mimi qui descend de son lit aidée de Musette et de Marcel.

Mon oncle, allez-vous-en!

MIMI, voyant Durandin, à Musette.

Monsieur Durandin!.. Laisse-moi partir!...

DURANDIN, qui achève à part une discussion avec Rodolphe.

Tu es fou... je te dis que tu es fou!..

MIMI, marchant en chancelant, soutenue par Musette; elle arrive près de Durandin.

Ne le grondez pas, Monsieur, je m'en vais. . (A Rodolphe, qui est venu près d'elle.) Laisse-moi partir... je ne veux pas qu'on te fasse l'aumône pour moi!

RODOLPHE, tenant Mimi.

Ah!.. (A Durandin.) Allez-vous-en, mon oncle. (Il soutient Mimi dans ses bras, et, avec Musette, la conduit dans le fauteuil que Colline a approché. — Musette lui donne son manchon.)

MUSETTE.

Vois comme il est joli.

MIMI.

Oui... bien joli!... (Elle fourre ses mains dans le manchon et s'essuie les yeux avec.)

RODOLPHE, lui prenant la main.

Mimi!

MIMI.

Oui, tu m'aimes bien, mon pauvre ami, mais je te gêne.

RODOLPHE.

Tais-toi!

MIMI, en se retournant, aperçoit madame de Rouvres; elle pousse un cri et se dresse debout.

Madame de Rouvres!.. Adieu, Rodolphe!.. adieu!.. (Madame de Rouvres remonte.)

RODOLPHE.

Mimi!

MIMI, faisant un pas.

Adieu!... je veux partir, ne me retiens pas... J'irai à.... l'hôpital.... Je reviendrai quand je serai guérie... (Elle s'affaisse lentement dans le fauteuil. — Durandin hausse les épaules.)

MADAME DE ROUVRES, assise près de la table.

Vous êtes cruel, Monsieur!.. (Elle se lève.)

RODOLPHE, qui s'est approché.

Oh! oui, bien cruel!...

DURANDIN, à voix basse, à Rodolphe et à Madame de Rouvres.

Eh bien!... voyons... elle est en danger, dites-vous?

RODOLPHE.

Elle est mourante, Monsieur?

DURANDIN.

Je vais la sauver... (Il pose sa canne et son chapeau, et s'approche du fauteuil.) Mademoiselle Mimi, c'était une épreuve, c'est fini. (Il prend la main de Rodolphe et celle de Mimi.) Je vous le donne!

(Mimi pousse un long soupir et ne répond pas; musique à l'orchestre.) Vous l'aimez et il vous aime, vous êtes bonne et il sera riche; soyez heureuse... Allons, levez-vous et embrassez-moi. (Moment de silence; Musette, qui est penchée vers Mimi, se relève tout à coup, pousse un grand cri et tombe à genoux. Tout le monde entoure Mimi; Durandin, après un mouvement, lâche la main de Mimi, qui tombe inerte.)

DURANDIN.

Ah! mon Dieu!

RODOLPHE.

Ah!... (Il s'agenouille près de Mimi.)

SCHAUNARD, ouvrant la porte brusquement et apportant à Durandin sa canne et son chapeau.

Une comédie!... Eh bien, Monsieur! la pièce est fini; on va éteindre.

MUSETTE.

Adieu, Mimi.

RODOLPHE, se relevant et sanglotant.

O ma jeunesse! c'est vous qu'on enterre.

FIN.

LAGNY. — Typographie de A. VARIGAULT et Cie.

www.ingramcontent.com/pod-product-compliance
Ingram Content Group UK Ltd.
Pitfield, Milton Keynes, MK11 3LW, UK
UKHW021106260726
13994UKWH00002B/740